U0688411

聆听大师的内心独白

柏格森书信选

[法] 柏格森 / 著
陈圣生 / 译

H. Bergson

名人传世信札　大师私人话语

中华工商联合出版社

图书在版编目（CIP）数据

柏格森书信选 / （法）柏格森著；陈圣生译 . -- 北京：中华工商联合出版社，2017.10

（名人传世信札 / 金惠敏主编）

ISBN 978-7-5158-2283-9

Ⅰ . ①柏… Ⅱ . ①柏… ②陈… Ⅲ . ①柏格森（Bergson, Henri 1859-1941）—书信集 Ⅳ . ① B565.59

中国版本图书馆 CIP 数据核字（2018）第 101095 号

柏格森书信选

作　　者：〔法〕柏格森

译　　者：陈圣生

责任编辑：李　瑛　袁一鸣

装帧设计：北京东方视点数据技术有限公司

责任审读：郭敬梅

责任印制：迈致红

出版发行：中华工商联合出版社有限责任公司

印　　刷：北京彩虹伟业印刷有限公司

版　　次：2018 年 8 月第 1 版

印　　次：2018 年 8 月第 1 次印刷

开　　本：787mm×1092mm　1/32

字　　数：170 千字

印　　张：10

书　　号：ISBN 978-7-5158-2283-9

定　　价：48.00 元

服务热线：010-58301130

销售热线：010-58302813

地址邮编：北京市西城区西环广场 A 座
　　　　　19-20 层，100044

http: //www.chgslcbs.cn

E-mail: cicap1202@sina.com（营销中心）

E-mail: gslzbs@sina.com（总编室）

总　序

金惠敏

　　从来就有一个私语的世界，只要您认可人是社会性的动物。私人性与社会性永远相反而相成。

　　然而由于传统的宏大叙述的霸权，这一世界尚未充分展露，这种话语尚未得到足够的承认。今天，该是打破宏大叙述一统天下的时候了。无论从哪方面说，私人话语都具有与公众话语同等的重要性。而且在某种意义上，私人话语甚至更具决定性或优先性。

　　例如，如果把阅读和批评作为对另一个心灵的探问，与它碰撞、对话、交流，那么可能没有比通过书信（包括日记）等这类被宏大叙述视为次文本更捷径的方式了。在所谓的正文本即通常所称的作品中，原作者之意盖不在表现，而在表演，即是说，在伪装自己，至少不是在直接地表现自己。如俄国形式主义者所发现的，"文学性即是陌生化"，即以造成某种接受障碍为美、为艺术或学术。现代主义大诗人艾略特因而特别宣称："诗不是表现情感，而是逃避情感。"面对公众读者,作者总是代表"理性""良知""社会责任"在说话;他总是把自己作为对象,耿耿于怎样给公众塑造一个完美的形象。而在书信中情况就完全不同了,由于面对的是亲朋好友,作者卸下了一切社会性面具,轻松随意地袒露出自己的本真面目。他是纯粹的主体,专注于倾诉,而不是把自己当成一件有待完成的艺术品。这里不需要精雕细刻、深思熟虑。

德国生命哲学家齐美尔断言:"生命并非完全是社会性的。"与其差不多同时代的弗洛伊德把人的心灵划分为意识与潜意识。这里如果把作者的正文本比作意识,那么其次文本即书信等则是潜意识。而潜意识是水面下的冰山,要比显露出来的那部分巨大得多。要深入一个心灵的世界,仅知其正文本最多只是完成了一半的工作,而只有同时了解了他的次文本,才可能真正地把握这位作者。因此,美国现象学批评家有理由认为,对于游历一位伟大的心灵来说,书信、日记、便条、眉批、笔记等的作用绝不亚于其刻意创作出来的作品。

通过这一书系,我们试图证明书信具有独立的价值:它是抒情的、亲切的美文;它是作者内在的精神世界和情感世界的自然袒露;它是人类一种特殊的情感方式和审美方式。简言之,我们的目的是培养一种与公众性阅读相辉映的私密性阅读。

为方便查阅，丛书在每封信前都加有提示性标题，或为作者原话，或为编译者的概括。

是为序。

译者序

洪汉鼎

　　1987年一个不期然而然的机缘使我中途折进了法语区域，后来还在其本土进修和学习5年之久，对倾慕已久的法兰西文化有了更切身的感受。近四五年，我在国内全力从事诗学研究之际，仍得力于法文资料不小；前两年，刘硕良先生还在漓江出版社主编"获诺贝尔文学奖作家丛书"时，吴岳添兄便将我介绍给他，并接受了柏格森卷的编译任务。由于诸多原因，后面一项工作进行得颇为缓慢；《创造的进化》虽已重译得差不多了，但于"翻译的良心"似乎尚未安宁。正在这时，金惠敏兄让我选择一些柏格森的书信和谈话之类的东西；我一试，的确兴味倍增：柏格森的主要几种著作虽已在我国译印有年，其中也不乏重译和转译之作，但熟知柏格森哲学思想的又有几人？！现在翻阅一下本书第49篇《如何克服翻译〈创造的进化〉的困难》，我们就不会对译者责之过严了。书信和谈话都可算是"第二人称"的文体，一般要名副其实地"明白如话"，即使谈玄说理，也应该比论说文容易解读一些。这里所选译的柏格森书信与谈话正是根据这一原则。

有些读者想起要读大作家的书信或谈话，可能怀着某种"偷窥"的目的，至少也是为了揭开他们的"辉煌的外衣"，看看底下的"平常心"。然而，柏格森似乎有先见之明，早就防患及此；他在1937年2月8日提前写下他的遗嘱，其中有这样一段话："我宣告迄今为止已将自己愿意交付给公众的东西都发表了。因此，我郑重地表示，禁止发表可能在其他地方找到的我的全部手稿……所有他人和我自己手记的讲稿以及我的书信，都在禁止发表之列。"①

亨利·柏格森（Henri Bergson）生于1859年，死于1941年1月3日，一生勤勉地学习、教学和研究，得到国内外各种荣誉的名位，包括诺贝尔文学奖，但仍谦称自己只是"一名认真的研究者"；估计他的私生活没有什么吸引人的绯闻或"传奇"，他之所以严禁发表未经他同意付印的东西，主要是基于他严谨的学风，用意是防止以讹传讹。因此，这里所选的东西都在他生前发表过。

哲学书信和谈话，乍听起来可能要使一些人却步，实际情况并非如此：柏格森从中学的哲学教师起步，一直到担任世界哲学大会的名誉主席，公认与美国的威廉·詹姆斯一起开

---

① 转引自 Rose-Marie Rossé-Bastide：《作为教育家的柏格森》，第352页，P.U.F.1955年。

创和领导 20 世纪西方新的思想潮流；他们的共同特点是使哲学从学院和书斋中进一步解放出来，以经验和实验活动为主要依据，与现实生活保持密切的联系。这些从本书所收的数量不少的柏格森致詹姆斯的书信中可略见一斑。与此相应，柏格森在几次对中学生的谈话、访问美国几所大学以及与爱因斯坦等物理学家一起讨论相对论时，都出色地将自己的哲学研究成果融会于德育和智育的各个领域。值得注意的是，柏格森不完全从概念入手从事他的哲学研究，而是将"形象"作为他思想的重要表现形式（不仅仅起修辞作用），这种文风在他的书信和谈话中也表现得很突出。

尽管柏格森前期的三部哲学代表作（《论意识的直接条件》《物质与记忆》《创造的进化》）从思想倾向到表现形式都开了 20世纪思想主潮的高度"创新"的先河（柏格森以他严肃、认真的态度来"创新"，所以更加引人注目），但从他大部分的书信和谈话来看，他对古典哲学，尤其是其中的伦理、道德理论等还是推崇备至的，而且还很自然地将它们与现代哲学观念（如"直觉"、"无意识"等）挂上钩，甚至要提倡"实证的形而上学"这样的古今混合物。也许主要正是因为后面这一优势，柏格森思想对 20 世纪西方的人文学、自然科学诸方面的教育改革产生过举足轻重的作用，许多哲学家、科学家、文学家、音乐家……都不讳言自己所受"柏格森主义"的影响。他后期的代表作《道德与宗教的两个根源》就是西方传统哲学和伦理学的现代结晶。

然而，对于柏格森哲学的核心——"实在的时延"——能够透彻理解的人，至今仍在不可知之数。虽然柏格森在他的书信和谈话中也屡屡涉及，甚至专门重申其要义，我们仍不能寄托以厚望；只是多了一些解"密"的线索罢了，要真正掌握他所谓的"能够解开各种哲学难题"的钥匙——"实在的时延"，还是要从《论意识的直接条件》《创造的进化》这些原著入手。"时延"以前多译为"绵延"；它虽然不同于通常的物理时间，但与空间几乎毫无关系，所以这里擅自加以改译了。至于与此有关的柏格森著名的"生命冲动"说，人们多将之与生机论（或称活力论）者的"生命力"说或叔本华的"生存意志"说混为一谈，本书部分的书信也力驳其非。这些名词概念的初步厘定，可供柏格森的研究者参考。本书的脚注有些是法文中已有的，多数是译者补充和另加的，恕不一一指明。

柏格森的哲学研究聚焦于人生，本书中若干学术通信便侧面地反映他对人生的智慧、道德性和幸福观的卓越见解。译者最感兴趣的是柏格森在论"良知"和论"智力"的两篇谈话中深入浅出地畅谈思想道德的修养与最为有效的治学和思维方法之间密不可分的关系，它们真正体现出了一位现代智者的风范；还有他晚年的两封信中所透露的高瞻远瞩的人生看法（灵肉的平衡）和强烈的社会正义感——爱国主义情操。至于解读柏格森的"生命哲学"（现尚不知这一术语对他来说是否合适），固然是潜藏在我心中多年的想望，但毕竟不是这里的主要任务。

说不定这本小书还会引起人们对我国中学哲学教育问题的思考。柏格森认为，中学的哲学课不能开得过早，以免因为接受者思想不成熟和进行被动的学习而倒胃口，但在中学学习的最后一年让哲学以完整、集中的形态出现在他们的面前，还是必要的。这时青年学生的思想开始成熟了，他们已经学过的或正在学的生物学、物理学……以至于数学，无不涉及基本的哲学理论；因此，学点形而上学（占古典哲学的一大部分）和心理学有助于他们今后直接接触现实和对这种接触进行理论的概括。这一设想合适与否，祈请有关的教育工作者明教。

目　录

就良知问题函致格雷亚校长 / 001

良知的由来与经典作品的学习

在中学优等生会考颁奖会上的讲话 / 003

关于自我的感觉和感知

致　G.雷夏拉斯 / 022

普罗提诺《九章集》和时间观念的分析 / 027

智力论 / 029

哲学在中等教育中的地位和特性

在法国哲学学会讨论会上的发言 / 039

关于亚里士多德的《物理学》及其他

在法兰西学院的两次讲演的摘要 / 043

专注是精神生活的最大特点

致　威廉·詹姆斯 / 044

关于道德的自由观念

　　　　　　致　雷昂·布隆什维格 / 047

一切事物都自成统一体

　　　　　　　致　威廉·詹姆斯 / 052

关于"时延"的研究

　　　　　　　　致　G. 帕平尼 / 055

普鲁斯特所译并序的《阿米安圣经》

　　　　　　致　道德与政治科学院 / 057

关于无意识的领域和实证的形而上学

　　　　　　　致　威廉·詹姆斯 / 059

关于奥西普 – 卢里耶《幸福与智慧》

　　　　　　致　道德与政治科学院 / 061

柏格森与瓦德和詹姆斯两人的关系

　　　　　　　致　《哲学杂志》主编 / 063

纯经验不分主客观（可用形象来表示）

　　　　　　　致　威廉·詹姆斯 / 067

评讲专论曼·德·比兰的哲学的两篇论文

　　　　　　致　道德与政治科学院 / 070

推荐阿尔弗雷德·宾内的著作《灵魂与肉体》

　　　　　　　　致　道德与政治科学院 / 083

关于巴尔杜的著作《论当代英国的一种心理学：好战的危机》

　　　　　　　　致　道德与政治科学院 / 086

关于吕格的《心理学一般概念》

　　　　　　　　致　道德与政治科学院 / 090

关于戈尔蒂耶的《艺术意义》

　　　　　　　　致　道德与政治科学院 / 092

关于进取精神的心理分析

　　　　　《意志理论》和《心理学原理》的讲评 / 095

真理处于变易之中

　　　　　　　　致　威廉·詹姆斯 / 096

对评论《创造的进化》一文的回答

　　　　　　　　致　《月刊》杂志社社长 / 098

关于思想观念的表述方式

　　　　　　　　致　阿尔弗雷德·宾内 / 104

简介个人哲学观点的转变

　　　　　　　　致　威廉·詹姆斯 / 106

"上帝"存在于何处?

致 J. 德·童格得克神甫 / 109

关于内拉克的著作《拉·封丹》

致 道德与政治科学院 / 111

关于杜厄萧韦斯的《意识的组成》

致 道德与政治科学院 / 113

对哲学术语"现量"和"不可知之物"的讨论

在法国哲学学会会议上的发言 / 116

感谢美国著名学者对自己的研究

致 威廉·詹姆斯 / 122

关于宗教感情

给 F. 夏尔邦的复信 / 125

关于精神的本质和精神与大脑活动的关系

在法兰西学院讲演的简报 / 127

关于"地灵"的假想

致 威廉·詹姆斯 / 129

推荐埃米尔·梅尔森的《同一性和实在性》

致 道德与政治科学院 / 131

神秘主义的历史和心理机制

致　道德与政治科学院 / 134

答谢《柏格森的哲学》一文

致　威廉·詹姆斯 / 137

关于《多元的宇宙》一书

致　威廉·詹姆斯 / 138

推荐乔治·波恩的《智力的诞生》

致　道德与政治科学院 / 140

关于博埃克斯 – 博雷尔的《多元论》

致　道德与政治科学院 / 143

直觉与推论的关系

有关哲学术语"直觉"的讨论 / 147

关于实在（现实）与真实的区别

致　威廉·詹姆斯 / 149

在精神生活中的无意识现象

讨论乔治·杜厄萧韦斯的著作 / 151

战争的非必然性和反常的思维

致　威廉·詹姆斯 / 163

简介多里亚克的《诗人音乐家瓦格纳：音乐心理学的研究》

致　道德与政治科学院 / 165

推荐安德烈·朱尚的著作《道德的心理学基础》

致　道德与政治科学院 / 169

文德尔的著作《今日的法兰西》

致　道德与政治科学院 / 172

对哲学术语"自由"的讨论 / 176

如何克服翻译《创造的进化》的困难

致　F.兹尼亚涅斯基 / 178

关于博览深思的精神（即学术上的"同情心"）

致　埃杜雅·勒·罗伊 / 180

基于经验的哲学方法与道德问题

致　约瑟夫·德·童格得克 / 181

在亨利·弗朗克墓地上的讲话 / 183

关于青年问题答贝尔托 / 185

关于自己著作的引用者索雷尔

致　吉尔伯·梅尔 / 189

关于鲍德文的著作《道德科学中的达尔文主义》

致　道德与政治科学院 / 190

在法美委员会上的讲话

致　全体委员 / 195

就刑事陪审工作而发的公开信 / 211

当选道德与政治科学院主席的就职讲话 / 217

推荐费诺的著作《进步和幸福》

致　道德与政治科学院 / 222

关于"时延"与"意识流"的关系

答 R.M. 卡伦 / 228

关于直觉、本能与理智等概念的商讨

致　H. 赫福定 / 230

理智在哲学中的地位

致　A. 珀蒂 / 236

别太看重"神秘经验"

致　阿尔弗勒·卢瓦齐 / 238

被接纳为法兰西科学院院士的讲话 / 239

理智与直觉的区别

　　　　　　致　雅克·谢瓦利耶 / 241

关于相对论的讲话 / 243

评述和解释也要有创造性

　　　　　　致　凯林·斯蒂芬 / 254

时延存在静止状态吗?

　　　　　　致　F.德拉特尔 / 255

纪念斯宾诺莎逝世二百五十周年

　　　　　　致　L.布隆什维格 / 257

曼·德·比兰之友协会的成立

　　　　　　致　德·拉·瓦勒特—蒙布隆 / 260

1927 年诺贝尔文学奖获奖答辞 / 262

关于《柏格森》这一著作

　　　　　　致　符拉基米尔·扬克列维奇 / 272

纪念"环绕世界"中心成立二十五周年

致　阿尔伯特·康 / 273

在哲学与神学之间必有间距

致　B.罗梅耶神甫 / 274

有关《道德与宗教的两个根源》的讨论

致　"求真理同盟"主席 / 275

与托马斯哲学的比较

致　戈斯神甫 / 277

创造的进化与"生命冲动"

致　F.德拉特尔 / 279

关于心理玄学的著作

致　J.拉巴底 / 284

詹姆斯的心理学就是哲学

致　雅克·谢瓦利耶 / 286

理性行为与唯理主义不同

致　斯佩尔曼教授 / 288

"我至少该算一名认真的研究者"

　　　　　　　　　致　D.D.塞尔梯朗格斯神甫 / 289

要恢复和重建灵肉的平衡

　　　　　　　　　致　笛卡尔国际哲学大会 / 291

柏格森关于英国的证言 / 294

纪念贝居伊

　　　　　　　　　　　致　阿雷维 / 295

就良知问题函致格雷亚校长

所谓的良知，我想要指的是在实际生活中正确地观察和推理的能力；这不仅就个人事务而言，而且特别重要的是就国家事务而言。这种能力与其说来自科学知识，不如说来自本能；我从中深深地感受到某种精神素质的灼烁，意外地发现某种与现实保持着紧密的联系的惯规，这一切都因为有良知者懂得站得高、看得远的道理。显然，如果那里存在一种惯规，教育工作就必须抓住它。但是，这种教育工作的影响力究竟可以扩展到何等程度为止呢？一方面是文学研究，另一方面是科学研究，最后还有哲学思考，它们到底能不能发展现实与理想相结合的观感和能力呢？校长先生，这些就是我在讲话中想要回答的问题。

1895 年写于中学优等生会考颁奖讲话前 [1]

---

[1] 这封给欧克塔夫·格雷亚（Octave Gréard）校长的信在柏格森生前未发表过。1947 年 5 月 13 日举行柏格森的国葬纪念仪式时，卢西（Roussy）校长首次引用了此信。

·Le Gaudinière·
SAINT CYR-SUR-LOIRE
·Indre et Loire·

24 juillet 1940

MS 1284

Mon cher confrère,

Je viens seulement de lire, dans
le Figaro du 13 juillet, l'article que vous avez
bien voulu consacrer à «Clermont-Ferrand
ville natale du bergsonisme», et je tiens à
vous remercier tout de suite. C'est un article
charmant, auquel on ne pourra reprocher
qu'une bienveillance excessive à l'égard de
mes premiers essais philosophiques, et à
leur auteur. Les souvenirs clermontois que
vous avez évoqués avec humour, et sous une
forme si vivante, me sont restés très chers. Mais
parce je n'ai travaillé si vite et si facilité
qu'à Clermont, et je me suis plus d'une fois
demandé si je n'aurais pas aussi bien fait
d'y rester.

Encore une fois merci, et bien sympathiquement
à vous
H. Bergson

柏格森书信手迹

良知的由来与经典作品的学习

在中学优等生会考颁奖会上的讲话 [①]

荣誉总是崇高的，任务也总是艰巨的——这是我们聚集在这一大学讲堂举行这一庄严的颁奖仪式之际必须记取的一句话；我还觉得，我们的责任年复一年在加重，因为我们不大愿意经常回顾的教育问题，已经变得愈来愈严重，愈来愈迫切了。但愿能通过经典作品的学习来充实大家的精神生活，我们有责任促使公民们都意识到自己的义务并且都准备去完成这种义务；大家对此都表示同意：作为社会的教育方针而提出来的东西，社会就要使它得到明智的处置。不过，人们开始日益不安地思考这样一些问题：那些枯燥乏味的学习是否也有这种实际的效果？尤其是，作为自由国家中的一种公德的良知（lebon sens），是否也要随着文化知识的发展而变迁？此外，人们将以何种方式来解决这个问题呢？或许有人会加以肯定，有人会加以否定，但没有人会满足于无知的状态；因为，假如良知不依

[①] 此讲话稿当年在巴黎出过单行本，1947 年 7 月重新刊发于《舟》（lanef），第 32 期。

赖于教导,社会就要宣告:在它所最需要的公德上,自己没有主动权;又假如良知特别依赖于社会,而且聪明才智的增长离不开保持着特权地位的优越的精神文化,那么我们就会悲哀地看到有一股不可抗拒的潮流要将权力交到最大多数人的手里。非常侥幸的是,我们毫无必要停留在这两个极端中的任何一方。我要指出,良知有一部分存在于智慧的积极方面,但还有一部分存在于特别是智慧对于自己的某种不信任之中;教导可以给良知提供一种支撑物,然而良知生根到教导差不多无法再深入到地底去;经典作品的学习对于良知的培养有极大的好处,不过这种学习也要通过与其他各种门类学习相同的练习阶段,而且这类练习可以无师自通。因此,在相似的物质条件下,教导者的任务就在于采用巧妙的方法来引导某些人走向大自然轻而易举地为其他人安排好的路子。然而,确切地说,良知将以何等的力量和怎样的总的心灵态势与这种理智的态度重新结合在一起呢?

我们的感觉的作用,一般来说不是让我们全面认知物质性的客体,而是告诉我们这些客体的用途。我们品尝一些味道,吸闻一些气味,区分冷暖和明暗。但是,科学告诉我们:这些物性中没有一种属于我们所感知到的那种形式的客体;这些物性仅仅以它们奇特的语言告诉我们:这些东西对于我们有哪些利弊,它们可以为我们做些什么,或者,它们会让我们冒什么危险。因此，我们的感觉首先为我们指引空间的方向；我们所有的感官都不是指向科学的，而是指向生活。然而，我们不仅仅生活于物质世界中，我们还生活于社会环境中。假如我们的一切活动都发生于这个空间，并因此震动了一部分的物理世界，这仍然只是事情的一个方面；从另一方面来说，我们的大部分行动，首先对于我们自己，然后对于围绕我们的社会来说，还有它们未来的或长远的好结果或者坏结果。预测这类结果，甚或呈现它们；在行为方面，分清主要的与次要的或无足轻重的；在可能出现的各种不同的事物中选择不是想象的，而是实际上可以产生最大数量的好处的东西：这些似乎便是良知的职责。因此，良知也就是具有自己独特方式的感觉；不过，其他的感觉都反映了我们与各种事物的关系，只有良知出现在人与人的关系之中。

对真与假的敏锐的预感，可以早在有力的证据或可靠的经验出现之前就察觉出事物之间隐藏的不谐调的质性或无可置疑的亲缘关系。人们称天才为超级的直觉，这种直觉必定是罕见的，因为人性在必要时就会超过它。然而，日常生活要求我们每个人对当下的问题做出爽快的解答和尽快的决定。一切重大的行动都要中断对一长串的理由和条件的考虑以便得到充分的自由发展的机会，原因在于这种行动本来取决于我们，而现在却轮到了我们自己要依赖这种行动的时候。然而，这种行动通常不允许拖拖拉拉地尝试或其他的延误；它要求我们当机立断和对总体的领悟，而不是去预测所有的细枝末节的问题。因此，良知是激发我们向上的动力，可以提高我们思考和解决困难问题的本领。

不过只要更仔细一些考察便知：良知像天才一样，只是精神界中的一种被动的样态，它们都处于黑夜之中，等待着晨曦的到来和白日的降临。假如说天才可以揣测出自然的信息，那是因为天才就生活在与自然有着紧密、和谐的关系之中。良知也要求人们老是处于警戒的活动状态中，不断地根据情境的变化而做出新的调整。只要下定了主意，它就没有什么可畏惧的；它或许可以说是精神之树上的成熟的果子，但这果子已经离开树枝了，不久就要干瘪掉，到了变干发硬之时，它便只能成为智力活动中无效的残余物。良知就是这种智力活动。它要求我们将所有的问题都当作全新的东西来看待，并且重新付出全副的力量来解决。它有时还要求我们做出惨重的牺牲，放弃掉自己已经形成的看法和已经准备好的解决方案。总之，它与其说与表面上洋洋洒洒的科学知识有关，不如说对缺乏自知之明有所意识，并且伴随着学习的勇气。

如果说良知以它快速的决定能力和自发性而接近于本能，

那么良知所具有的以下几个方面特点便是两者深刻的对立之处：良知的表现方法多种多样；良知的表现形式灵活；良知使我们处于小心翼翼地警觉氛围之中，从而保持着一触即发的智力态势。良知在关心现实和执着地贴近事实这两方面与科学相似，但良知所追求的真实的种类不同于科学；良知并不旨在取得普遍的真实，而只追求当下的真实，而且良知不那么向往一劳永逸的道理，而是希求不断地获得新的道理。此外，科学绝不忽略不计任何的经验事实和任何的推理结果：它计算出一切影响，并自始至终由此演绎出自己的原理。良知则是进行选择。它认为某些影响实际上可以忽略不计；在某种原理的发展过程中，它会在过于粗暴的逻辑刚好要将现实的嫩蕊破坏之际中止自己的活动。在相互映发、相互挤压、处于斗争状态的事实和道理之间，良知采取的是自然的选择方法。最后，良知要更加倾向于本能，而不是科学；在良知那里，按理应该看到某种精神的姿态，某种专注的倾向。人们几乎可以说：良知就是注意力，它产生于对生命的感知过程。

因此便出现这样的问题：在城市中是否还存在比世俗精神和空想精神更大的敌人？固守于被人奉为律则的习惯的藩篱之中，厌恶一切变化，这样无异会使自己对生命赖以存在的运动条件熟视无睹。但是，由于意志的薄弱或精神不集中，人们不是也会沉湎于对奇迹般的变化的企盼吗？在上述的两种精神类型之间的距离，小到超出人们原先的设想：它们同样远离有效的行动，因此只在一方说自己是单纯的睡眠，而另一方要另加做梦时，两者才存在明显的差异。可是，良知并不入睡，也不做梦。与生命的原理相似，良知总是警醒着，并且不停地工作；它可能会被自己所激活的物质缠绕而受到负累，但是自己努力所起的物质作用，有力地说明了自己行动的现实性。良知的温和品性与懦怯没有相似之处，因为后者视行动为畏途，而且寻找理由来反对行动；相反，良知喜爱行动，只有实现更加自然地向前转化的目的，才能取得某种程度的进展，而且只有这样它才能更加贴近生命（对此，人们不知是否应该更加爱羡与生命的转化融合在一起的和谐景象，或者应该更加赞美在生命的各种变形中所产生的强烈的对比）。假如人们理解到"进取精神"既是对更美好的前景的有力追求，而且还是对人间事物的适应程度的准确评估，那么他们愈是就近紧紧地抓住良知不放，良知就愈加趋向于与这种"进取精神"相混淆。

如此说来，良知的原理何在呢？如何深入探讨良知的底蕴呢？到哪里去发掘它的灵魂呢？它能否像人们所说的那样从经验中得来呢？它是否集中而凝练地代表过去观察的结果？不过，随着时间的流逝，情境也不断地变更，这就要求我们重新付出创造性的努力。此外，难道就没有一种更可靠的推理方法付诸实施，它通过一定的逻辑动作来导出一般原理，产生愈来愈长远的结果？然而，我们的演绎或推断的方法是十分呆板的，生活本身却是十分灵活多变的。我们如此有力地约束着自己的推理过程，以至于它不能很好地跟上事物曲折、微妙的变化，终于离开了不断运动的现实。良知的推理方法则是我们看重的，它有时还对总体原则进行推敲；但它是从当下的现实出发来反思总体原则的；进行这种调整工作，说明良知已经不再属于纯推理的范畴了，但是否因此就显示出它本来的职责呢？不，良知既不存在于更广阔的经验之中，也不存在于仔细分类的回忆之中，而且，一般来说也不存在于更精确的判断甚或更严密的逻辑推导之中。由于首先作为社会进步的工具，良知只能从社会生活的根本原则，即正义的精神中，汲取它的力量。

啊，我并不想谈论那种无关乎现实的、理论上抽象的正义，它只是在空中画出的一个几何图形，徒有其表而无实质。在这种"图形"上，往往不可能找到与事实的任何一个接触点；即使偶尔找到了这样的"接触点"，那也要被它在作图的计算中未曾估计到的事实的阻力所左右，而且将导致对自己的本质的怀疑和失望。我所谈的是具体地表现于正直的人身上的那种正义，是认真地参与事件中的、活生生的和激动人心的正义，而且它又能在自己的天平上掂量清楚行动与结果的出入如何，因此一点也不担心会出现"好心做坏事"的意外事故。当正义在一个好人的身上得到实现时，它就变成对实际的真理的一种精细的感觉，成为印在脑海的一种影像，或者更确切地说是一种分寸感。它可以准确地告诉他：他应该从自身的资源中开发出什么来，还有，他可以期待从他人那里获得些什么？它可以像最可靠的本能那样直截了当地引导他走向他想要实现、并且也能够实现的目标。它还可以向他指出哪些非正义的事情应该加以纠正，借此可以知道要做什么好事，要采取怎样的管理方法，也就是说杜绝了非正义的事情的发生。它就是通过这种来自心灵的端直、公正的判断防止了错误和愚笨的为害。显而易见，它与随后的推理活动和多方面的经验是等值的，就像纯金可以与货币等值一样。假如它同时还带有生活的智慧，那可能说明它已经触及并掌握这种智慧的原理；尽管它只是在我们之中蕴藏的美好东西的闪光，仍丝毫没有减损它作为人性中最本质和最亲切的东西的表征的价值。这种情况正如要发现地壳中深层的巨大隆起，必须爬到高山之巅一样。

因此，我从良知中看到了某种理智的潜能，这种理智无时不在征服自己，同时打消了给主观的思想留出空位的念头，并且以坚持不懈地连续努力来追随现实，把现实当作自己的榜样。我还从良知中看到在浓厚的道德气氛中的理智光辉，以正义感为范式的正确观念，以及赋有个性的精神。我们哲学以各个范畴的明确的界定而著称，它在理智与意愿，道德与认识以及思想与行动之间都画下清楚的分界线。实际上，就在这里存在着人性在发展中出现的两个不同的方向。不过，在我看来，行动和思想具有同一个根源，这根源既不纯粹是意愿，也不纯粹是理智，而是两者兼而有之的良知。良知在实际上不就是赋予行动以合理性和赋予思想以实践性的一种品质吗？

　　如果从解决哲学的一些大问题的角度来看，我们会发现：解决良知问题具有明显的社会效益，它既有助于语言的发展，还有利于行动的进行。此外，只要探讨一回良知所筹划的多数行动步骤，你就会看到：它不加深入思考，就能弄得头头是道。因此，良知看来是从意愿出发来思考的，又是凭借理性来实践的。其目的在于使人从中看到一种混同的效果，在思想要求与行动要求之间找到一种亲密无间的一致性。正因为如此，我们必须清晰地表达自己的思想。不过，我更倾向于深刻地表达思想，从而预测完全不同的其他事物，并且从良知那里发现它的创造性；反之，从思维习惯和意愿法则这两个发源地那里我们可以发现具有原始定向作用的良知的两种不同的发展趋向。由于我既不能不带合理的最终目的来表现有关的意愿活动，也不能不带实际的动机来考虑思想的自然功用，因此，这两种活动形式必须来自适应社会生活需要的单一能力；这种社会感正是人们所号称的良知。假如良知还是精神的基础，甚至精神的本质，我们难道就不应该像笛卡尔所说的那样，将它当作普遍存在的、不依赖于教育的天赋，或者说是"每人身上的全体"（tout entier en un chacun）？我认为，设若以下几种假想都能成立，上面的论断便是正确的，如果在心灵和社会之中除了活生生的东西之外便没有其他东西，如果我们不是注定要承担各种罪恶和偏见的沉重的负累，如果我们不是还由于短暂或持续的注意力分散而浑浑噩噩、六神无主，最后，如果我们没有让我们的理智去做决定（恕我抽象而言），而是让它与意愿所集结的能量保持密切的联系。然而，寄希望于自然界自发地产生一个与生命完全谐调的、无拘无束的、自主的心灵，是不现实的，那种情况实在太罕见了。因此每时每刻都必须让教育来干预，这不仅为了输入一种推动力和排除某些障碍物，更重要的还为了揭开遮蔽物，给心灵带进启蒙的曙光。

教育的这种影响，尤其是学习经典作品的作用，可以扩展到什么限度呢？这方面的教育实际效果如何以及我们对此应有什么要求呢？应该说，目前有关的教育工作对于我前面的几种不同的势力（它们都倾向于使良知偏离其正道）远没有起到相同的控制作用。

我们说过，我们精神自由的最大障碍之一就是如下一些观念：语言可以给我们带来一切事实，我们可以说是在环绕着我们的环境中呼吸的，等等。这些观念永远也不可能被吸收到我们的实体中来：它们作为不折不扣的死观念，永远保持着自己的呆板和僵化的姿态，不可能参与到精神生活中去。那么，为什么我们经常要选择那些活蹦乱跳的东西呢？为什么我们的思维不是努力控制自己，而是旨在更好地从自己的领地上流放出去呢？其原因首先在于我们的注意力不集中，同时还由于我们一边走着，一边寻着开心，结果忘了自己要走到哪里去。

你们可能都注意到，在我们各处的纪念碑前或博物馆里，有许多外国人一手拿着一本翻开的书，大概在寻找着关于环绕在他们四周的美好事物的说明。他们全神贯注于阅读说明的文字，有时难道不是因此而忘了特地前来观看的实物吗？我们之中许多人也是这样地度过自己的有生之年：他们的眼睛只盯在"内部指南"之类书本的条条框框上，忘记了去观看生活，因此没能单纯地根据人们有关的说法进行自我调整；或者，他们照惯例只去琢磨词语，而把实物忽略掉。不过，这里也许有比偶然的精力分散更多和更好的东西。或许存在某种自然的和必须的法则，它要求我们的精神开始时完全接受一些现成的观念，并且处于某种监护的状态，然后才出现具有自我意愿的行为，这种行为总是姗姗来迟的，但只有它才能使人们有了自主性和自控能力。小孩子从外部世界中只看到那些惯常的简陋的形式，有笔在手，就把它们画在纸上：这些形式横隔在小孩子的眼睛与客观的物体之间；它们给他提供一种很方便的简化之物，这种简化之物继续这样地横隔在我们多数人的眼前，直到艺术有一天来临，打开了我们直面自然的眼睛。

我不能不将我们所有的那些封闭于词语中的观念比作小孩子的图画。因为，每一词语固然都代表一部分的现实，但那是被粗暴地肢解的现实，就像人性削足适履地适应外界条件和自己的需求，而不是寻求与现实的合理联系一样。我们势必临时要诉诸这种陈旧的哲学和陈旧的科学；但是，它们都不是我们向更高的目标攀登的立足点。就那些冷却并凝固于语言中的观念而言，我们必须从生活中寻找使之温热和流动的办法。

我正是从经典作品的施教中，首先发现这种努力可以敲开由词语所凝结的冰面，并且重新找到底下自由流动的思想。青年学生们，如果你们能花工夫将那些观念从一种语言翻译成另一种语言，我敢说经典教育就可以使你们习惯于弄清它们在许多不同系统中的含义；这样便从所有特定的静止的语词形式中抽取那些观念，让你们在不依赖于语词的条件下思考观念本身的问题。经典教育固然以符合古代标准为尚，但这也不仅仅意味着对那些单纯的范本称羡不已；而是，很大可能地估计到，由于古代语言遵循与我们现在很不同的思路来刻画和凸显事物的连续性，因此可以通过更激烈和更快速有效的办法来实现观念的解放。难道不是这样吗：从来也没有人做出要与古希腊人相比拟的努力，以便使人们的思想的流动性可以用言辞表达出来？不过，有一些大作家就能用他们日常与人交流的语言来做如上所说的高级智力工作；因为，在我们只能通过常规惯例和各种符号来观察周围的事物的情况下，没有人不需要或不寻求表现实在事物的直接映像的途径。从这个意义上说，尽管经典教育似乎非常重视言辞，它仍然会提醒我们特别注意不要受到言辞的愚弄。经典教育可以改变特定客观事物；它往往还带有同一的总体目标，即：避免我们的思维自动化，促使我们的思维脱离固定的形式和模式，最终旨在我们的思维中重新开辟生命内外自由自在的交流途径。哲学便是在这同一个意义上继续已经开始的工作。也就是说，它将思维和行动的最高原则置于自己的批判眼光之下。哲学完全摈斥那些被动接受的真实的价值：它要求我们每个人都用自己的思考来重现真实，都用自己的努力来再创价值，并使之深深地穿透自己，而且时时以自己的生命来激活这种价值，从而酝酿出足够的力量来丰富思想和统率意愿。良知很可能超出哲学的范畴；但是，假如良知首在自己的努力，并且首先要趋向于自由，那么我就不晓得它可以在什么地方找到一个（比哲学）更好的培养场所。

　　然而，光是排除符号的障碍和习惯于直接的观看还不够。我们说过，还有必要摆脱某种太抽象的判断方式的困扰，同时培育独有的一种专注精神。某些门类的科学具有促使我们更加贴近生活的优点。例如，深入学习过去便有助于我们理解现在；当然，前提是我们始终要防止一切的牵强附会，而且要按照当代的一位历史学家所深刻地指出的那样，从历史中寻找原因，而不是寻绎法则。物理学和数学的研究对象都不是太具体的；然而这些基础科学却产生了不少令人惊叹不已的成果，其中所应用的科学方法使我们的日常生活过得更加省劲一些，原因在于我们很好地理解了那些科学方法的实质和优点以及它们特定的用途。由于这些科学只在存在可靠的法规的地方才能得到推广，仅当我们能够创造自己的定义之时才能进行演绎的工作，因此它们清楚地、斩钉截铁地向我们揭示了严格的演绎工作和合法的推广工作的理想条件。您越是深入地钻研这些科学，结果您将越不想把它们的方法或程序等移用到实际生活中所遇到的事物上。这不仅因为那些方法或程序具有过高的精密度，它在付诸实行时却要产生过大的摆动幅度——这种情况有点像在厨房中用起实验室里的天平，而且还因为（我认为主要原因在这里）良知在上述的"移用"过程中要冒特别大的一些危险。这里出现了一个大错，那就是对社会也采用对自然那样的推理方法，目的在于从中发现莫名其妙的什么不可抗拒的法则的机制，结果低估了意愿的有效性和自由的创造力。还有另外一个错误就是好幻想的精神，动辄提出某些简单的理想式子，然后再用几何学的方法从中演绎出组建社会的方案；似乎这里的一切都是由我们来界定的，或者认为我们的自由是无限的，即便在人性和社会生活方面也是如此。对于出自物理学和出自几何学的这两种粗心大意的模仿，良知采取持平守中的态度。或许它没有合适的说的方法，但它更注重某种做的方式。即使会与某种普遍的看法发生抵触，我仍要说：在我看来，哲学的方式就是最接近于哲学家个人的方式；因为，所有重要的哲学理论都与一些原则密切相关，并且立足于事实，除非我们能够既不是严格地从那些事实中归纳出这一理论（由于它超出了事实的许可范围），也不完全是从那些原则中演绎出它来（由于它强使那些原则让步）。有时您可以在某位大师的最好的弟子那里找到关于这一理论的更系统的陈述，而且会为它超凡的明晰性所折服。这正是因为他自始至终地以自己更抽象和更简单的逻辑去阐明这一理论体系中的主导思想。然而，要与他个人严密的逻辑进行交流，要清楚地了解他那以现实为样板的、像生活一样灵活多变的、而且能够像大自然一样不断地给我们的思想带来总是新鲜的一些因素的逻辑（试图以我们的思想将它详尽地分析出结果来，那是徒然的），还必须回到大师的著作中来。而这种思考方面的能力，我认为就是在实际生活中良知所意味的一切。

　　因此，良知的教育不仅仅在于传授既成观念的知识，而且还要引导那些过于简单的观念，使之停止在演绎和概括的坡道上下滑，以便大大地增进我们所获取的知识的可靠性和自己对它的信心。如果让那个不良的方面继续向前发展，我们就会发现，训诲式的教育工作会让良知面临的最大危险将是鼓励我们中间的如下倾向：以纯理智的观点来判断人和事，以单一的德性衡量我们和他人的价值，并将这一原则沿用于社会自身，而且只赞同这样的一些建制、法律和风俗习惯，它们的外部或表面上带有逻辑的清晰性和简单的组织形式等标识。这一规矩可能只适合于绝对崇高思辨的、鼓吹"纯精神"的社会；然而，现实生活却指向行动。智慧在那里就是一种力量，这是我所渴求的；智慧甚至还是一切因素中最突出的一种，因为它具有启蒙的作用。不过，它不是唯一的力量。为什么在生命中来自精神方面的力量对于我们的作用不如性格的素质呢？何故这么多眼光敏锐、才华出众之士，尽管付出了最大的努力，仍不能推出他们的杰作或者做出一番事业呢？还有，为什么最美好的言辞如果有气无力、缺声少调地说出来，也不会引起听众的反响呢？这岂不是说明：智慧只有在它所代表的某种潜在的力量（我也说不清楚它是什么）的支持下才能起作用，缺乏这种力量，人的精神便逐渐的失去一往无前的动因，本身也找不到足够的分量深入到所接触的东西的内里？人们在这里可以看到，是功能创造了器官，而且，在强烈的道德压力下，智能会出乎意料之外地迸发出来。由于历史也告诉我们：一个国家伟大与否，与其表面上的智力开发的关系不很大，而与所保留的某些滋养着智力的潜在能量倒有密切的关系，因此我要说，那就是意志的力量和对伟大的事物的热情。对了，教育工作不仅通过特殊的展示，而且通过从历史和现实生活中汲取的上千次教训，将上述的观念深深地刻印在我们的心中。它不仅仅使我们免受许多欺骗和许多惊吓，而且，它还通过它所必须诉诸的智力这一中介，向感受力和意志力发出了强有力的呼吁。教育就是这样地改变了心灵的自然发展方向，从而产生了良知。

在我看来，以上所说的就是在一般教育，尤其是经典作品的学习中，良知所要求掌握的各个不同的要点。诸位先生，为了再次引起你们对其中最后也是最重要的一点的注意，与其评说你们还记得清清楚楚的讲话，还不如照引两年前巴黎大学校长肯定也是在这里发表的一席言辞："我希望，我们能够以一定的热情和想象力，着手寻求正义的东西，并使之传播开来。好好记住，即使在科学昌明、思维发达的这个时代，未来仍只带着笑容降福于那些知道保护自己的感受力不被毁损的人。"无疑地，正是这种感受力构成了良知的根基。

如果在对现实的感觉与殷切的"向善心"（直译为："深深地为善所感动的能力"）之间不存在这种亲近性与和谐，我们就难以理解法兰西这块经由良知耕耘过的古老土地，在她整个的历史过程中，为什么会被博大的热心和慷慨的激情所掀动。她的法律所写上的容忍，也是她给各国的教导，其最初的启示应归功于某种年青而热诚的信仰；从权利和平等原则方面来说，最聪明、最审慎、最合理的一些惯用语，在这热情奔放的时刻，都从内心涌出，在这个国度中不胫而走。人们猜测到，在那些最热衷于良知的本国作家以及所有在思想上不断磨砺自己的良知的人那里，隐藏在秩序、方法、明晰性等特质后面的，还有已变成光的炽热。就是她的语言的透明性，她的词汇的轻便灵活、足以顺利地传达一般思想的特点，这些难道不都是为了适应一个因强有力的情感而寻求自由的气氛和广阔的空间的心灵的冲动吗？年青的学生们，请相信：思想的明晰性，精神的专注、自由，以及判断力的圆通，所有这些品质便构成了良知的物质外壳；而对正义的热情则是良知的灵魂。

1895 年 7 月 30 日，巴黎大学梯形大教室

关于自我的感觉和感知

致　G.雷夏拉斯 ①

让我们来寻找促使那些哲学家做出如下的假设（与公众的意见相反）的原因吧：P的影像是由P点之外的一种意识所构成的，然后再投射在P上。换句话说，出于什么缘故，我会相信自己处身于P之外呢？我猜想您可能首先发现与此不同的情况："为了触动P我就需要移动我的身体。"从我必须移动位置才能触及P的意义上说，我处身于P之外。换句话说，我可能作用于P之上的行动，不是立即可以发生的，而且，只有通过中介物体，我的身体才有可能触及、改变或移动P。我相信存在着实际的间隔；接着又相信P不同于我。这种信念，从根本上说，首先只是在于这一物体与我的身体有所不同，而且这种不同仅与触觉有关系。您可以设想一下：假如触觉在一瞬间消失了（连同与其息息相关的运动机能），假如有一个人除了视觉

---

① 此信见于G.雷夏拉斯（Lechalas）对柏格森《物质与记忆》一书的评论中，该评论发表于《基督教哲学年刊》，1897年，第36卷，第154、328、333页。

便从没有别的知觉（而且，他可能还动弹不了），那将会怎样呢？他难道不觉得自己既清楚地看到了 P，同时自己的身体又占有了它吗？在我看来，我们都现实地处于我们的知觉所延伸到的每一处。至少，这样是最自然的表达方法；这也是出于以下行动的需要：这一行动导致了我们采取另一行动，还给予触觉以强势感觉的地位，同时将我们实在的出头露面限制在我们的触觉影响所及的非常有限的空间里。就是在这种意义上我才能说，我们的感知（来自情感性、尤其是记忆性的抽象，感知在其中占有相当大的一部分），首先存在于"总体形象"中，或者，也可以说存在于一般的事物中，直到我们的"运动感觉"的经验，更确切地说是触觉经验，将我们的出场限制于我们与其他一切东西打交道所必备的物质部分。

我认为，如果我们研究了自从笛卡尔以来所有的实在主义和理想主义的理论体系，就会发现它们都有意或无意地以我们的身体与其他物质之间的截然差别为自己的出发点。既然我的身体与我所看到的其他物体是分开的，人们便会兴想自己是独立自主的，并且自以为只与自己的灵魂亲近，而与其他一切疏远。因此，我们必须在某些方面设想：在自己身体的内部，或者在与它亲密无间的连接处，存在着或多或少忠实的复制品，即其他物质的副本。人们在自己身体的周边感觉中寻求这些再现的现象的物质；由于这些感觉显然不足以产生人们所期待的东西，人们便将之集合在大脑的中枢神经那里，并且紧缩得越来越小，直至最后在某种狭义的意识中将整个再现的现象抛撒在空间之外；再现的现象就是从这种意识中产生并投射到空间，以便掩盖它来源于外部物体的事实。我在《物质与记忆》的第一章中已试图说明，这一观念从各个方面提出种种不可解决的困难。事实上，构造我的身体的物质，与构造其他物体的物质相类似；而且，我的意识与我的身体的联系，不比与其他物体的联系更进一步；这种意识开始于它与所见到的或者能够见到的总体性相吻合（至少部分如此）。

　　……

　　我想，我已经将我的身体内部通常所谓的感觉（sensation）或者情感（affection）与我的身体外部的形象这两者截然地区别开来。冷暖的感觉，以及更一般的身体上的任何自我感觉，首先都决定于产生这些感觉的那个部位的状态；我们的身体是准备欢迎还是去除这些感觉，等等，将使它们呈现十分不同的面目。因此，我们深信不疑：一切冷暖感觉以及其他许多感觉，大部分都与自己身体的状态有关，尤其是与该状态的特殊、复杂的要求有关。不过，该状态与通常所谓的感知（perceptions），即所认识的体外的形象，完全是两码事。

　　……

　　我有意地将潜在的感知（即潜意识——译者）的扩展问题

悬置起来。实际上，在记忆这种现象中，我完全有理由肯定：我们所回忆起来的东西是从过去的总体状态中挑选出来的，它们本来是以无意识的形式保存着。相反地，在感知这种现象中，我只是看清了所感知的形象是怎样的从比实际感知的范围广阔得多的领域中搜集而来的，而且也想将之加以详细的说明，但我无法确定这种潜在的感知究竟延伸到何处为止。就是您在信中所提到的那一事实（即在每秒的振动次数低于某一数目时，声音将消失）以及所有同一类型的其他事实，都足以证明我们的实际感知是一种选择，正像我们不可能设想宇宙会停留在我们的实际感知的水平上一样；它们也证明，我们所潜在地感知的事物，要比物质性的、实际的感知多得多：除此之外，在所有其他的假设中，有意识的感知在我看来是不可理喻的。然而，我要重复地发问一下：潜在的感知究竟延伸到何处为止？我们的精神是否就像莱布尼兹所说的那样，可以潜在地感知物质的总体性？或者是另一种情况：当我们的感觉进行某种选择时，这种普遍性的感知只能理解与我们实际感知的东西一起构成不可分割的系统中的事物和成分（物质世界可能并不构成单独的一个系统）？尤其是，这种潜在的感知（即不以身体的感知为依据的）是否可与我们进行客观事物的鉴别时的实际感知相比较呢？或者，全部的感知都停留于具体的状态，并不进一步接近科学的认识（即带有质地、形式等特性）？对此类问题，我都只能以假设的方式来回答，提不出什么确切的证据。然而，我尽过最大的努力去接近事物的轮廓，避免完全采取形而上学的方法，最终还是回到了直觉的领域。在直觉而无言的所在，我必须刹住。

1897 年

普罗提诺《九章集》和时间观念的分析

星期四的讲演对普罗提诺《九章集》中第六部分做了解释，并加以评说。讲演者特别注意于界定《九章集》中哪些观点属于普罗提诺本人的，哪些则是普罗提诺从柏拉图和亚里士多德那里借取的。

星期五的讲演用于分析时间观念，旨在为下年的时间观念史以及时间与其他各种系统的关系史的研究做准备。讲演的第一部分探讨了时延（durée）怎样出现于直接的观察中。讲演者还说明了时延一词的译解难度是多么大，例如，它在心理学家那里便以象征物（符号等）的形式出现，这类象征物并不改变时延的实质特点。直接观察到的时延与象征物（为了表现或量度它，必须加以译解）有所差别，从中便产生了一些哲学所提出的最俗滥的问题。因此，古希腊哲学将重心几乎完全放在"变形"这个问题上，而且不难看到，当我们回到这问题的埃利亚学派的原始立场上时，就会出现如下情况：通过时间的象征物来观察时间会碰到很大的困难。

讲演的第二部分指出，对于一般的哲学和特殊的心理学来说，在真实的时间与其象征性的再现之间所出现的脱节现象，可能产生哪些结果。

1901—1902 年 [1]

---

① 这是对两次讲演的简介，载于《法兰西学院年刊》，1901——1902 年，第 49——50 页。

智力论

亲爱的同学们：

请允许我首先向你们的校长——一位十分杰出、十分受人敬爱的领导者——表示感谢，因为，是他给予我这么崇高的荣誉：让我得到教育部长先生仁慈地选派，出席这一庄严的仪式并讲话。接下来，我要告诉你们：来到你们这里，我感到非常高兴。你们的大楼还是崭新的，你们这个大家庭是新近才建立起来的，你们没有先辈。不过，很好地继承一个传统，也是很荣耀的事。在这一方面，你们常常就会碰到许多困难；但有时也会收到创造一个新传统的许多好处。我知道，你们现在在这里所努力建立的传统，就很不错；我能够出席你们的授奖庆典，感到非常欣幸。

你们刚刚聆听了关于精神独立和意志独立的美好而深刻的一课。这两独立哪一个也不会自己来到我们这里，必须我们迎着它们走去：我们必须以自己的努力去征服它们。所谓的努力，就是从我们的内心里消除奴役状态；解放的力量，便只属于努力。

我现在想告诉你们一些关于努力中的创造力问题。创造力是一种奇妙的力量。它可以改变它所接触的一切事物。它可以使最污浊的铅水化作最纯净的金子。而且，它可以以少总多，以无生有。只要做到必要的专心致志，我们就可以使自己具备这种可贵的品质和罕有的才能；从我自己来说，我一直就是这样操作的，我不愿意接受那些无用的礼物，像阿拉丁的神灯和仙女的魔杖之类的。

在中学的时候，我有个同学，所有的教师都认为他既不太勤快，也不太聪明，所以我不能把他当作榜样推荐给你们。他就是以这样的名声一级一级地升班，并且做所必要做的事情来保持这个名声。他没有降到最低的等级上去，但总是与优等生保持同样遥远的距离，正如他自己所设想的那样：不应该去走极端，中庸之德无可比拟。他这种自甘平庸的后果在机缘不凑巧的时候会变得更加糟糕，比如说，他在中学优等生的会考中有两三次都失败了：当人们想知道，是他还是他的一些评判者，会更早一些厌倦于在索尔邦（巴黎大学）出现，或者当人们不想再看见他回到大学来的时候，我已经看不见他了。我是在20年后才重新找到他，我不敢说他这时候已经成了大医生，但无疑是很受欢迎的著名医生；他的地位已提高到相当引人注目，几乎可以说遐迩闻名的程度，更令人羡慕、更求之不得的是，他已经聪明起来了。从这个时候开始，我才知道：他由于迷恋以至于沉浸于医学学习尤其是实践中，后来简直已经达到全神贯注的地步；他在精神上拉满弓、上紧弦，将自由自在的注意力集中在唯一的一点上，唤起自身全部的意志力和上进心；正是通过这种人所罕知、却每每发生的内力转移，也就是说使内心的"块垒"上升到大脑，他实现了他的愿望：变成一位智者。

亲爱的朋友们，我所说的智力可能并非你们之中有些人所设想的那样是一次性地分配给各人的礼物，随风而去，自上而落的种子，它特别指的是成年人的智力，即用于科学、艺术以及日常生活中的那种睿智。我们不要将开放在智力根株上的花葩（有时还十分美丽）误当作智力本身。你们喜欢把记忆力好的和具有某种才能（如诙谐风趣、心灵手巧等）的同学称作智力高的同学。当然，此类才能常常是智力的外部标志，并赋予智力以极大的魅力。然而，智力本身是另一回事。

我们想要说的智力高的人是这样的：他善谈，更善听；他可以立即察觉人家向他提出的议题的一些主要线索；他通常不会拘泥于那种不完整的看法，而只是乐意面对它，甚至从中得出一些简单的观念，这样便使问题显得清晰明白；因此，他对于各类问题的有关知识都学习和掌握得特别快，从而能够逼真、透彻地谈出那些问题的真相；最后，他关于同一议题，无论是说，还是写，都有一种分寸感，即：只占用一定的时间，需要强调的地方给予强调，需要忽略的地方保持沉默。我认为，知识上的这种机动灵活的反应，没有一定的智力，一般来说是行不通的；当智力与对真理的关怀协调一致时，它就能产生极大的效用，因为我们在一切问题上几乎都必须从外部入手，最终达到总体上把握那些内在本质经常逃脱我们的注意的事物。是的，在人类社会全体成员的大合奏中，每个人大概都必须深刻认识自己的作用以及自己所使的乐器（工具）的功能；这还不够，如果他不管不顾其他乐器以至于不能互相协调，或者，如果他不能从远处跟随乐团指挥的动作而适应总谱中的外部安排，他的演奏也不可能合乎节拍。我接受所有这些看法，而且还要补充一点：你们在中学所得到的教导，大部分要用来发展并很好地支配自身那种很宽泛的、又可无限地扩充的理解力，这种理解力宛如智力的一种具有更大伸缩能力的弹性体。然而，智力是另一回事。真正的智力可以使我们渗透到所研究的事物的内在本质中去，触及它们的基础，同时激扬我们的精神，并且使我们感到灵魂的颤动。不管律师的或医生的智力会是怎样的，也不管工业家的或商人的智力如何，智力总是会形成人与物之间的那种默契冥会的交流关系，这种"同情的交流"如同两位知己朋友之间无须多言彼此便已心领神会，不存在什么秘密一样。要知道什么是智力，你们可以考察一下：训练有素的批评家怎样发掘他所评论的作者最秘不告人的写作动机，见识过人的历史家怎样从他所查阅的文献的字里行间解读出不为人知的底蕴，技术熟练的化学家怎样预见他第一次拿来试验的物体的反应结果，妙手回春的医生怎样在病人的险象出现之前加以防患，机敏干练的律师为什么能够比你们更好地理解你们自己的事务。所有这些人都在各自不同领域中显示同一的精神力量；这是他们达到与事物协调一致的力量，凭借这种力量，他们可以追踪事物最精微的变化，直至在精神上产生与事物共振的现象。这种力量还有什么特点呢？我们是否会把它与平时所获得和积累起来的知识总和相混淆呢？不完全如此，因为它可以不断而且成功地适应于全新的情况。它是否单纯地是推理能力呢？更非如此，因为单独的推理只能使我们得出一般化的结论，好比到手一些现成的、线型简单的外衣，罕有能够适应不可预料的、起伏多变的个体情况的；而上述的精神力量却能准确地切合每一个问题的解决要求，它的作用都是合乎节度的。总之，它既非纯科学的对象，也不仅仅出于推理；它既与默会暗记于心的东西无干，也与公式化的条条框框无缘。它是主体的精神与客体的完全适应，是注意力即内在的某种张力的最佳调整，所以只要我们愿意，它就能给予我们所必需的力量；我们可以即刻有力地和持久地掌握或保持这种力量。智力一词的本义就是如此。

于是，智力在特定的人那里往往向着自己最倾心的目标发展。智力有它自己偏爱的领域，只有在这一领域内它才能应用自如。它还有自己熟悉的客体类别，只有与这样一类客体才能保持良好的交往关系。类别可以或多或少地变化，领域也可以或多或少地开阔，但它们不应该是不受限制的：没有，也不可能有，智力类别和范围都是极其广阔多样的通才。然而，奇中之奇的是，我们的智力在某一特定的领域中越是显得得心应手（倘若这一领域不是太狭隘），它在其他一切领域中也会同样显得轻松自如。大自然就是这样地安排世间万物的。她在一些彼此都最为疏远的知识领域之间精心地设置了隐蔽的交往关系（一通百通就是指此而言的——译者）。她还在最为繁复多样的事物及其尚未露脸的后裔的各个等级之间引入类似性的各项神秘法则。你们会惊奇地看到，有的人在他的科学、艺术或其他本职的范围内已经有很深的造诣，却还能在十分不同的工作环境中继续闯出新的路子，并且又显示了非同凡响的能力。他之所以能做到这样，主要由于他有幸得到像你们在这里所得到教导；这还因为，古代和现代的经典教育（无论它是文学的或是科学的）的主要目的之一就是，通过适当的锻炼，取得韧性的精神，有了这种精神，他就可以轻而易举地从已知的东西转向未知的东西，并且随时随地都可以利用一下他原已在某些方面确保能够得到的准确性。这就是智力的实质所在。请看那弦索如何被某一种力量所牵拉吧。假如你们给弦乐器上的某根弦调出一个音，它的振动就会固定地发出这个音来；即使如此，这根弦仍然可以应和这个音的所有和音。我们的智力也是如此。在我们的心弦上所施加的特定的张力，当心旌摇荡、灵魂震颤时，也会发出同一音调的特定的心声来；即使实际情况真是如此，并且心理的张力也达到必需的程度，人的内心不管怎么谨慎，仍会产生千千万万种它的基本音的和音来。

不过，某人的精神与其所据有的客体的完美的适应，也就是智力的本性；观察结果告诉我们：这种适应可以在很广阔的范围里得到实现。它是靠一种意志的力量来实现的。不管其表面现象如何，它的实质只能是注意力的集中，这是意志力作用的结果。精神越专注，智力也就越深刻越全面。你们可能也知道，人们现在开始以科学态度和实验方法来研究教育方面十分棘手的问题。通过经验性的方法取得的结果已经让我们看到，在任何种类的物质中，在任何凭借理解力做功的地方，所取得的进展都不是像某些肤浅的观察家所认定的那样以逐步的或感觉不出的过渡方式完成的。那种进展几乎都是以震天动地的突发方式出现的。为了说明这点，我们就举个最简单的例子吧：当我们到外国学习一种我们不懂的语言时，我们长时间只听到一些杂乱无章的声音，似乎在各种音素之间不存在什么区别；终于有一天到来了，我们差不多能够分清许多不同的词语了，这天便像亮光突然透射进来的晴天。于是，我们就无所作为地待在这种好日子里，直到新的进展又借再次的惊动而出现。这一法则还适用于任何种类的智力，不管它是几何的、代数的或其他科学的智力，还是各种艺术门类和各种职业行当的智力。然而，假如人们要更进一步考察事情的底蕴，也就是说，假如人们想看清那些惊动背后所发生的事情，他们就会发现每种智力的飞跃都相应于自我意志的某种推动作用，内在能量的更高一级的张力或者不可动摇地超越停滞不前的落脚点的决心（用人们常说的话来讲，就是在自我设计中"更上一层楼"）。哦，这是一种艰辛的努力，要求人们花费不断增加的额外力量，就像弹簧越被压迫，内在的弹性力量就变得越来越大一样。这种努力通常会变得十分痛苦，因此我们中间许多人碰到这种场合就退避三舍。这就是你们所看到的那么多有才华的人为何半途而废、满足于中等的技能和因循守成的缘由。然而，因循守成不可能提高他们的技能。因循守成产生于一次性努力中所得到的令其满意的一切，它忠实地兑换出这枚金币所值的全部钱数，但它只能达到兑换出那个钱数为止，别想在现金中再增加一个子儿。总之，智力的一切进展，才能或见识的提高，都代表着自我意志带动一个人的精神向着高度专注的目标努力攀缘的结果。

亲爱的朋友们，精神的专注在这里成了高级智力的全部秘密所在。人与动物的区别也就在这里：动物的本性是最放任不羁的，往往等待着外界的恩赐和怜顾（也常常适得其反），总是外在于自身；而人知道怎样自我收敛和专心致志。精神能否集中也可以区分开清醒、明智的人与胡思乱想、爱做"白日梦"

的人：前者经常反躬自省，并且不断将注意力集中于生命的实在上，而后者将精神放纵于所有不期然邂逅的观念和心思。精神能否集中还是优秀人物与普通人物的分水岭：前者孜孜矻矻，意在超越自我；后者满足于平常的一种技能，甚至守着这种技能睡大觉，或者以自我放松为务。如果天才真是人们所说的那样是多年辛劳、积累和企盼的昙花一现，那么，精神集中大概就是天才的本质。是的，我们太经常将我们的目光停留在智力的种种属性上，因为它们的外表熠熠闪光；我们却对以下的事实知道得不多：人的意志是所有能量、甚至于智力的最深邃的源头。我们所看到的是：优雅，细腻，灵敏，诗人的幻想，学者的发明和艺术家的创造；但我们看不到人的意志在自我的压缩和扭曲中所起的作用，通过这种作用，它能将自己的实质化为上述种种引人注目的表现。这正如在剧院的地下暗室中不懈、有力地旋转的机器给舞台和大厅带来光芒四射的灯光布置，使观众目眩神迷。

因此，亲爱的朋友们，努力给自己这一能量的故宅加材填料吧。只要你们的奋斗目标专一，注意力集中，同时给予你们的意志以更大的推动力，你们的智力就能达到更高的水准。那么，现在就请你们下降到自己的最深邃的地方，去把那里的一切（我的意思是：比现有更多的东西）带到表面上来。应该知道，你们的意志可以创造出这种奇迹来。让它显一下身手吧。请记住，你们到学校上学就是为了这个目的：学习本身可能大大提高你们固有的价值，但学习如果能使你们养成集中自己的注意力和磨砺自己的意志的习惯，它就更有价值。尽可能地从你们的这些学习中获益吧，通过这些学习来使你们坚定地决心成为能够将自己不断提高的智能服务于自己的国家的公民，时时刻刻记着拉紧再拉紧这种内在的弦，该竭尽全力发挥自己的意志作用时就要毫不迟疑地这样做，而且，要想通：尽管超常用功如今可能不合时宜，但是未来却属于那些超常用功的人们。

1902 年　在伏尔泰中学授奖仪式上的讲话 [①]

---

① 这篇作于 1902 年的讲话最初见于《伏尔泰中学授奖记录》时不带标题，后转载于《求真理同盟年报》（第 21 年度，第 424—436 页）时始加这一标题。据柏格森的意见，这一讲话中的"智力"（intelligence）一词指思维和认识方面的一般能力；在其他地方（如《创造性的进化》这一代表作中），他将这种能力分解为"狭义的智力"和"直觉"。他认为，这两种作用从它们的机制和来源来说存在着深刻的不同；但是，它们在思维活动中合作无间；正是从一般的"思维"意义上说，人们才无须特别精确地采用智力一词。

哲学在中等教育中的地位和特性

在法国哲学学会讨论会上的发言[①]

柏格森先生：

现在也许要回顾一下贝洛先生发言中的另外一点。[②] 我不想反复强调此时哲学所面临的危险。平心而论，现今的哲学课应该考虑到比任何时候都多的学生，因为希腊文和拉丁文在这方面的种种解说有很大的随意性，而且这一课程现在要对不管来自何方的学生开放。事实上，值得担忧的是，只有来自希腊—拉丁地区的学生才能进入哲学之门。不管情况如何，从现在开始，我们必须考虑采取各种措施以促使来自各个地区的、尽可能多的学生进修哲学课。为此，必须在他们学习的全过程注意估量哲学给他们所带来的好处。这样说来，已经给他们开设哲学课是否就是合适的呢？贝洛先生已经说明，这样的解决办法有它

---

① 该发言最初发表于《法国哲学学会公报》，1903 年 2 月号，第 44—46 页。

② 贝洛（M.G.Helot）是路易大帝中学的哲学教师，主讲实证的道德，他在这次讨论会中谈及科学史和哲学文化的不可或缺的作用。

的麻烦地方，我完全同意他的意见。我还要冒昧地在他所发表的意见中添加一条理由：太早讲授哲学，与其说是将那些学生吸引到哲学里来，不如说有可能使他们远离哲学。哲学能够在青年人那里取得巨大成功的原因之一是，它是在他们中学学习的最后一年以完整、集中的形态出现在他们的面前，这时他们到了成熟的年纪，可以理解学习哲学的意义，并且有可能对之产生极为浓厚的兴趣。而在此之前过早地传授哲学，却有可能因为接受者思想不成熟和进行被动的学习而倒胃口，以至于断绝了此后自觉地学习哲学之路。因此，防止这一弊端才能收到哲学教育的最大好处。然而，即使不教孩子们哲学，我们不是仍要引导他们去面对某些只有哲学才能解决的问题吗？当然，这只能说是一种泛泛地接触哲学的方法。哲学所要寻求解决的问题，都很自然地出现于生物学、物理学甚至数学之中。举个最简单的例子吧，在自然史的教学中，难道我们就不会注意到生命所存在的一些神秘性吗？我注意到那些孩子们在学习解剖学和生理学中最基本的一些内容时，对某一生命结构中异常复杂而又极其简单的东西并未产生任何惊奇或困惑之感。对惊奇情绪的培养，可能是逐渐唤起对哲学教育的渴望和要求的最佳手段。

……（省略部分）

法国哲学学会讨论会的主持人这时发布了该学会的以下几

点希望：

（1）哲学课是在最后的学习阶段中所必不可少的"加冕礼"，它与中等教育中所有的教学项目都相通；

（2）借助方法论的与历史考察的手段，总体的哲学精神将使中等教育充满活力；因此，在中等教育的教师准备工作中必须有一部分花在哲学和科学史的教育上；

（3）哲学教育本身必须尽可能接近于实证的知识，因为后者是前者的素材。

贝洛先生认为，"方法论的"一词太专门和太狭隘；他提出用"批判的"一词取而代之。

柏格森先生声称对于库蒂拉（Couturat）先生在发布上述的希望时所基于的想法不能完全赞同。他认为，将哲学降格为方法论是不可取的。哲学首先总是对于具体的实在（现实）的研究，各门科学在这个方面同样是提供一些抽象的观点。总结出这些观点所依据的理论是哲学的重要任务之一，但不是全部。心理学使我们与某种实在直接接触，而形而上学则设法概括这种接触（如果不深入探讨实证科学所搜集的有关事实，形而上学便不可能成功地进行这种概括），这两门学问过去都是，现在还应该是哲学中最优秀的分科。此外，有人错误地认为，这样地理解哲学，将使哲学更难引起学生们的兴趣。实际情况正相反，心理学和形而上学（假如它们具有足够的精确性和实证性）无疑是哲学课中最生动的部分。最后，心理学作为内省的科学，将自然而然地继续并完成文学教育。而且，不应该认为这种内省的心理学已不再属于科学的范畴了。心理学的实践从未像今天这样富有敏锐的针对性。病理心理学本身之所以取得了这么辉煌的成就，从某种意义上说应该归功于内省的功夫（包括精神分析在内的近代各种心理治疗以及自我修养的方法——译者）。这种功夫可以继续进行或重新激起病人的自我观察活动。因此，内省的功夫首先应用了意识——哪怕是别人的意识——的观察结果。

1902 年 12 月 18 日

关于亚里士多德的《物理学》及其他

在法兰西学院的两次讲演的摘要 [①]

星期六的讲演旨在解释亚里士多德的名著《物理学》第二部。讲演的重点在于那些希腊评注家的阐释。讲演者尤其强调说明亚里士多德所首创的关于机会与偶然的理论。

星期五的讲演总结了去年以来有关时间观念的授课，并对《时间与其体系的关系的观念史》这一著作做了简介。讲演者说明了时间概念在从古代哲学到现代哲学的发展过程中经历了怎样的变化，这种变化又是怎样地影响各门科学的进化。

1902 年

---

① 载于《法兰西学院年报》，1902—1903 年，第 96 页。

专注是精神生活的最大特点

致 威廉·詹姆斯 [①]

亲爱的同道好友：

适才我读毕您好心地寄赠给我的讲演录《宗教经验种种》，同时不能不告诉您此讲演所给予我的深刻的印象。我至少在两星期前就开始读它了，直至现在我还不能把注意力转移到他事。因为您的这本书在我的脑海里萦回不休；我只能告诉您：它从头到尾都是那么激动人心的。以我看来，您已经成功地提取到宗教感情的真髓。我们可能都已觉察到，这种感情既是一种特有的快乐，又是与某种超级的能力相结合的意识；但是，这种快乐属于什么性质，那一结合体又是什么，这些问题似乎都还没有人能够加以分析和解释，而您却知道怎样分析和解释之，其方法是在您的讲演中所述说的：凭借非常新颖的一种程序手

---

① 此信最初发表于《两世界杂志》，1933 年 10 月 15 日，第793—794 页。威廉·詹姆斯（William James 1842—1910）：美国哲学家、医学专家。著有《心理学原理》（1891）、《宗教经验种种》（1902）、《实用主义》等。

段，人们可以一步步地展示一系列的总体印象，从总的精神来说，这些印象彼此之间交互干涉，同时又融会在一起。在这里，您已经开辟了一条肯定有许多人将要追随的新路子，但由于您一下子就走得那么远，因此人们要超过您，甚至只是跟上您，都是十分困难的。

如果在过去的十一二年里，您有机会与前往坎布里奇的法国学生交谈，他们一定会告诉您：我一开始就是您的赞赏者之一，在我的听众面前从没有错过表达对您的观念极为同情的机会。当我写作《意识的直接条件》这一论著时，我对您还不十分认识，只读过您发表的一篇论"努力"的文章，①但我通过时间观念的分析和对这个观念的力学作用的思考，引出了与您的心理学完全合拍的、有关心理生活的某种概念（除了极个别的地方有些出入）。您对我的《物质与记忆》一书的结论所给予的称许，对于我来说，其可贵性是其他任何赞扬所不能比拟的。

在这部著作中，我想法在不放弃脑神经生理学的任何成果的前提下显示：意识与大脑活动的关系完全不是生理学家和哲学家所认为的那样；在这方面，我们只是沿着非常靠近的、甚至有可能相交的两条路线前行而已。至少对于我来说，这些观点是来自您寄给我的令人感奋的讲演录中《人的不朽性》一

————————

① 威廉·詹姆斯1880年发表过《论努力向上的情感》这篇文章，同年译载于法文《批判的哲学》第二卷（1880）上。

文。经过对上述的关系问题的反复思考，我愈来愈相信生命从头到尾就是一种注意力集中的现象。大脑指挥着这种注意力，它可以意识、规范和估量某一行动所需的心理专注程度；而且，这种专注既不是意识生活的复本，也不是它的工具，而是它的极点，是它切入事件的那个部分——某种程度上有如舰船的艏部，它的外形逐渐尖削，好在海面上冲波破浪地前进。不过，就像您如此正确地指出的那样，大脑与精神的关系这一观念，既要求我们维持灵魂与肉体的区别，同时又要求我们全面地超越古代的二元论，这样便大大地破除了我们习惯的思维框架了。

我极其想望今后能有机会与您交谈以上那些问题。您如来法，能否预先通知我一声，我们好安排一个约会？

关于道德的自由观念

致 雷昂·布隆什维格 [①]

首先就您的三个论题中的第一个而言,人们可能会同意您的意见,即我们不应该将肯定道德的自由观念与否定物质决定论两者混淆起来。因为,在这种肯定与否定之中都存在更繁复的含义。但是,这种否定难道不是必然地要进入这种肯定之中吗?我想象不出道德的自由可以存在于时间之外,也不认为它可以存在于意识之外,或者存在于某段时间、由意识所觉察的行动之外。然而,这表明,在前一时刻和后一时刻之间没有任何意识的存在(它或者被认为如同肉体,或者被认为如同精神),这种等值在数学上彼此可以相通。在我看来,决定论也许在无机物方面具有根本的意义;但一旦出现生命和意识(这两个名词在我们的天地里可能是彼此并包互延的),可能就退居到部分非决定论的地位上去。从最简单

① 此信由莱昂·布隆什维格(Léon Brunschvicg)在法国哲学学会1903年2月26日的讨论会上宣读,最初发表于《法国哲学学会公报》1903年8月号,第101—103页。

到最复杂的生物体都同样地从机械作用发展到越来越精细的有机作用的阶段，目的在于更好地改变无机物方面的决定论的威力，并在我们的世界中嵌入越来越多的自由。在这里，我们不应该认为：既然基本的决定论不是到处都好用，它就一无可用之处，而且我们必须在都带普遍意义的决定论与非决定论之间做一选择。我本人不觉得在"非决定性"的区域区分上述两者有任何困难，在生物界的情况也是如此。从这个意义上说，物理学上的偶然性决非纯粹的否定，我认为这只是决定论的缺席；这往往是具有积极意义的成果，是有机作用对于无机物的胜利（这种胜利从其他方面说，是不完美和不确定的）。

至于您的第二和第三论题，人们大概也会同意您的以下观点："如要将道德的自由观念与功能的心理学统一在共同的目标下，那是很危险的；我们不应该丢弃心智范畴中的决定论而支持那些超出心理学上的因果律框架的神秘主义东西。"——我本人完全同意这一看法。要不道德的自由只是一句空话，要不它就是心理学上的因果律。但这一心理学上的因果律是否应从那一行为与其多项前事之间等价关系的意义上来理解呢？这样说意味着要按物理因果律的模式呈现心理因果律和一般因果律，于是便以迂回的办法回到我们不久前加以挑战的数学式通用的决定论，总之是否定心理学上专有的因果律。如果存在真正的心理学上的因果律，它便应该与物理学上的因果律区别开来：后者意味着在从前一个时刻到后一个时刻的过程中什么也没有创生，而前者则相反，它通过本身的行为创造了以前所不存在的某些事物——您告诉我，如果这种创造不能用现有的概念来表达，它便是神秘的东西，此外，您还写道："由于我们对于决定我们命运的原因具有更加清晰的意识，所以我们在自我感觉上便更加自由。"这里我也与您有同感。不过，只有在上述的行为基本上可以完成之时，那些原因才能决定我们的命运；而且，我所说的创造，也完全处于那些原因转变为具有决定性意义的东西的过程中——您告诉我，这个过程必须自己有存在的理由。我也同意您的这一看法。不过，假如这个理由与被它赋予决定性意义的那些原因属于同一性质，那么我们就必须将这个理由包括在那些原因之中，并且在那些原因的转变过程中寻找一个新的理由，如此继续进行下去以至于永远。事实上，促使那原因转变为具有决定性意义的东西的过程，是完全个性化的过程，它被人预测为单一的、不可分割的过程。更确切地说，那些原因，促使那些原因具有决定性意义的其他原因，以及思想或情感等所有我们一般的心理状态，都只是从外界摄取来的观感（被我们的意识所反映，从其他方面来说），这些观感又是针对我们个人生生不息的统一体的，它在这里是真正起作用的现实。这些就是意识在它进行分析时所摄取来的观感。越多分析，我们就越能找到原因；我们可以无穷无尽地找下去，这无穷无尽正好表明，从外部摄取来的对现实的观感具有多样性的特点，借此无法构建一个统一的现实。我们可以依赖对自己创造性的自由的直觉来作用于现实；但是，试图通过从外部摄取来的对整个现实的（变动的）统一体的一系列图式化的观感，在被意识从所有简单的东西中分离出来的种种状态中保持这种创造性的自由，那是徒劳无功的。用您的词语来说，我认为必须从直觉的"层面"那里寻求这种自由；而在这个层面之外，人们便只能在分析的领域中讨生活，在那里，在自由的名义下，除了出现或多或少被掩饰的必然性之外，绝不可能存在其他东西。您谈到促使意志和感情与智力分离的自由概念，还有在智力的层面上捐弃决定论的自由概念。我不知道究竟什么可以支持您的这种自由概念；不管怎么说，这从来就不是我的自由概念。我认为自由是相对于必然性的，这种情况不同于情感或意志与智慧的对峙，而是类似于直觉与分析的歧异，或者有如生活在其中并从内部透视的现实统一体，相对于从外部摄

取的对该统一体的多种多样的观感，也可能像意识"所直接
抓住的东西"，相对于通过中介和多少有些象征化的手段表
现出来的东西。

1903 年 2 月

一切事物都自成统一体

致　威廉·詹姆斯[①]

亲爱的同道好友：

当我知悉您可能来不了欧洲，感到非常失望；假如我了解您只是因为健康状况正在改善之中，所以放弃了欧洲之行，那样我会更为遗憾。我希望您能够立即和完全地从您所说的疲劳中恢复过来；人们不难想象到您在撰写最近这部称为《宗教经验种种》的著作时所付出的大量的劳动和心力。

您所指出的《物质与记忆》中某些部分所存在的难点其实只是一些最实在的东西，而我还远未达到将这些东西完全提升到理论高度的地步。不过，在这些难点中有些纯属我们精神上的根深蒂固的积习问题，这些积习具有非常实际的一个根源，因此，为了深入地思考此类问题，我们必须挣脱这些积习的束缚。例如，承认在场的和无意识的记忆所碰到的困难，情况就是如此。假如我们将这些记忆同化于事物之中，可以很明显地看到这些

---

① 此信最初发表于《两世界杂志》，1933 年 10 月 15 日，见其中 R.B.Perry 的文章。

事物之中不存在在场与不在场的记忆的分界线：它们或者完全出现于我们的脑海（从这个意义上说，它们是有意识的），或者在那里并不存在这些记忆（如果它们是无意识的话），因此不应该再当作实际的心理现实。

但是，在心理现实的领域中，我认为不存在可以同样严格地选择生与死（to be or not to be）的场合。我越想有意识地认识自我，我就越发把自己看作为自己过去的总和或缩影（Inbegriff——德语），这一过去只是为了当下行动的需要而紧缩起来。哲学家们所说的"自我本体"，在我看来只是点或顶点的统一体，通过注意力的作用，我把自己聚缩在这类统一体上；注意力在生命的全过程中不断延伸，在我看来，它就是生命的本质。但是，为了从这个意识点或顶点通往基础的部分，也就是说达到使过去的任何时刻的记忆都清晰地分散开来的地步，我认为必须从正常的注意力集中的状态进入如同某些梦境那样的注意力分散的状态；因此，没有什么可以实证的事要做，而只有某些东西要排除；得不到什么，也不添加什么，而只有某些东西要丢失；正是从这个意义来说，我的所有记忆都在那里，即使我看不见它们，而且，当某一桩记忆重新出现于意识层面时，它一点也没有再产生什么新东西。

您出于好意向我简介您近日所做的一次讲演的情况，很使我感兴趣。由于这一讲演包含这么多有创造性的新观点，我至今还不能充分地掌握其全部的内容，但一开始我就从中引出一种主导的观念，即：必须超越各种概念、简单的逻辑以及某种过于系统化的哲学程序（它假设一切事物都构成一个统一体）。我自己也是采取与此类似的思路，并且深信：假如有可能产生一种真正的实证哲学，它的发源地非此莫属。

1903 年 3 月 25 日，蒙莫朗西别墅

关于"时延"的研究

致　G. 帕平尼 ①

我不能不告诉您,当我得知莱奥纳多(Leonardo)即将消隐,我感到多么遗憾。这件事肯定会对哲学思想有所冲击,而且这种冲击在我看来还要继续很长时间,因为莱奥纳多曾经那么生机蓬勃地活跃于哲学界。

……

事实上,形而上学以至于心理学对我的吸引力,都远不如有关科学论、尤其是数学理论的研究。我给自己的博士论文提出的研究目标是力学的基本概念。这便导致我对时间观念的极大关注。我不无惊讶地发现,无论是在力学,甚至在物理学中,对于时延(durée,以前多译为"绵延"——译者)都从未有过适当的说法。因此,我心里琢磨着:实在的时延究竟在何处,它会是怎么一回事,为什么在我们的数学里没有它的地位? 正

① 柏格森致 G. 帕平尼(Giovanni Papini)的这一书信片断最早见于《文学新闻》,1928 年 12 月 15 日中帕平尼的文章:《柏格森与我的几次会面》。莱奥纳多消隐一事的底细不明。

因为如此，我才从我早先的数学和力学的观点立场逐渐转向心理学方面来。从这些思考中，我写出了《论意识的直接条件》这一学位论文，在那里我努力试行一种完全直接的内省方法，并要掌握纯时延的内涵。

1903 年 10 月 4 日

普鲁斯特所译并序的《阿米安圣经》

致 道德与政治科学院 [①]

我很荣幸以马塞尔·普鲁斯特 [②] 的名义向贵院推荐他所译并加详细的注释和序言的《阿米安圣经》，该著作的原著者是英国文艺批评家和社会学家罗斯金（1819—1900）。普鲁斯特的这篇序言对于罗斯金的心理学研究有重要的贡献，使我们注意到人们对罗斯金这位美学家的种种相互矛盾的评判。有人说罗斯金是现实主义者和智力至上主义者，还说他排斥艺术中的想象作用，把艺术的作用因素过多地归因于科学；也有人说他因为赋予科学以过大的想象空间而毁了科学；人们认为这是唯美主义的论调，因为论主所爱的只是美，并认为他不是艺术家，因为

[①] 这一学术通讯先提交该科学院讨论，日期如上，后发表于《道德与政治科学院年鉴》，1904 年第 162 卷，第 491 页。

[②] 马塞尔·普鲁斯特（Marcel Proust，1871—1922）：法国作家，批评家。代表作有长篇心理小说《追忆似水年华》，论文集《驳圣伯夫》（后人所辑）。1899 年开始研究罗斯金。1904 年在法兰西水星出版社出版罗斯金所著《阿米安圣经》的译本。阿米安（Amiens）原是法国庇卡底省（Picardie）（已撤消）的首府。

他把一些古怪的美学思考掺杂在自己对美的鉴赏中。普鲁斯特先生追溯所有这些分歧见解的根源。首先，罗斯金具有一种宗教的精神。他的美学原则在于相信诗人和艺术家降临人世的目的就是为了传递神的信息。因此，他是极端的理想主义者，但他同时又是现实主义者，因为物质对于他来说纯粹是精神的一种表现形式。宗教感情在他身上永远是审美感情的启示和引导的因子，只有从这种观念和观察角度出发，我们才能理解好他的著作。他断定，艺术只有与信仰相结合才能得到充分的发展并繁荣起来，艺术都随着信仰的衰落而衰落。这便是他从基督教艺术中发现精美的艺术的原因所在。这也是他对中世纪的建筑、雕刻和绘画情有独钟、并深有体会、同时广为宣扬的原因所在。从这种意义上说，罗斯金这本描写阿米安天主教仪式的书是引导我们进入作者思想深处的最好资料之一。普鲁斯特先生的译笔如此生动和清新，令人耳目一新，浑然不觉其所读的是译本，毋宁说读的就是原著。他所做的许多注释都使我们将《阿米安圣经》与同一作者的其他著作联系起来。

1904 年 5 月 28 日

关于无意识的领域和实证的形而上学

致 威廉·詹姆斯[①]

亲爱的同道好友：

我先要请您原谅我拖延了这么长的时间才去信答谢您所寄来的几篇近作[②]：我无须告诉您，我一接到您的这些文章就拿起来读而又读；但我不能不告诉您，最近几周我特别兴奋，因此不可能更早一些提笔给您写信。您这 5 篇文章可以说是某一完整的哲学体系的缩写，我以颇为焦急的心情企盼那将之完全展开的大著的早日出现。不过，从现在开始，您已经指明相当多的非常有趣的应用实例。我认为，在许多主要观点上，我可能跟您走到一块去，只是我不会完全像您那样在"激进的经验论"的路线上走得那么远。我们的主要不同，可能（我还不敢太肯定）在对无意识的作用的认识上。没有什么东西妨碍我将无意

---

① 此信最初发表于《两世界杂志》，1933 年 10 月 15 日，见其中 R.B.Perry 的文章。

② 那是关于激进的经验论的一些文章，如《意识存在与否》《纯粹的经验世界》等。

识的领域弄得特别宽广：我认为它不仅存在于心理生活中，而且还存在于一般的宇宙万物之中；看不见的物质的存在，在我看来就与非意识的心理状态属于同一类型的事物。这种存在于实际意识之外的现实，或许并非以前的实体论哲学所谓的"自在之物"；然而，尽管它实际上不出现在意识的层面上，它仍是某种处于两者之间的中介之物，永远带有变为非意识或又变为意识的可能性，如同实体论哲学所认定的那样，它是与意识生活亲密无间地交织在一起，而不是铺垫在下面的某种东西。不过，很可能就是在这点上，我也比自己所想象的更接近您的观点。

对于您在许多篇文章中宽容地引用我的著作的文字，我十分感激。这类的征引可以唤起人们对正在美、欧这两个大陆进行的思想运动在方向上的一致性的注意：在美洲方面，您的创始之功和所付出的大量劳动，是不容置疑的；在欧洲方面，类似的努力也在不断地扩大自己的影响面。我希望这些努力将汇聚在一起，终于达到建立实证的形而上学的目标，也就是说（在思想领域中）可以做到无限的进展，而不是像过去的思想体系那样，不是要全盘接受，就是要悉数弃置不顾。

1905 年 2 月 15 日

关于奥西普－卢里耶《幸福与智慧》

致 道德与政治科学院 [①]

我十分荣幸地代表《幸福与智慧》的著者奥西普－卢里耶（Ossip-Lori）先生向贵院介绍此书的要点。奥西普－卢里耶先生在这部著作中通过对许多事实的考察，试图达到对幸福有一个理性的认识。有关幸福的两种观念在他看来都可能成立。他称第一种的幸福观念为现实的，它让人在拥有财富、权力、人们的照顾之类良好的外界客观条件的情境中思考幸福的问题。作者不费多大力气就可以说明：凭借这类实际的好处所得到的满足，是短暂的，甚且是虚幻的。这点只要以与此有关的人士的证言来说明就足够了。例如，一位美国的百万富翁告称：他

[①] 这一著作的主题可说是古老而常新的。译者两年前译出美国学者 R. 卡尔松（R.Carlson）所著的《快快乐乐过一生》（中国台北业强出版社，1995 年），命意与此大同小异。或许我们将会注意到心理学上的这种"幸福观"对于文学艺术的存在和发展的作用，不亚于弗洛伊德的"性力论"：实际上，前者已将后者贬抑为粗劣的"心理现实主义"，所以不妨称前者为"心理理想主义"。柏格森的荐函发表于《道德与政治科学院年鉴》，1905 年，第 164 卷，第 114 页。

所拥有的巨额美元把自己压垮了，他从中得不到任何的快乐，也得不到任何的好处，对于生活中真正的享受，他全然无知。即使豪华的场景可以给人一种享受，那种快乐很快也会被习惯力量所抹平或弄钝，紧跟着无动于衷而来的便是百无聊赖。最后，由财富或荣誉所引起的焦虑不安还会与日俱增，也就是说，要以病态的模样而告终。相对于这种现实的幸福观，奥西普－卢里耶先生还提出另一种理想的幸福观："幸福并不是拥有着什么，而是想望着什么。一个人想要快快乐乐之际，他就已经是快快乐乐的了。仅仅当你在自己的内心深处求索幸福时，你才会知道幸福究竟为何物。"奥西普－卢里耶在分析这种幸福的同时，引入了幸福的深邃的根源：爱，艺术，科学以及首要的自由。这里很难简括地说明这本小书所充满的透辟的分析。我倾向于这样地看待这部著作：如果有人能够讨论书中的一两个观点，他就可以发现这本书从头到尾贯穿着一种精细的心理学与一种真正的道德升华相结合的精神产物。

1905 年 4 月 1 日

柏格森与瓦德和詹姆斯两人的关系

致 《哲学杂志》主编 [1]

亲爱的主编先生：

在最近一期的《哲学杂志》上刊登了嘎斯屯·拉杰奥（Gaston Rageot）先生献给罗马国会的一篇文章，其中写道："《论意识的直接条件》的作者首先并主要地接受詹姆斯·瓦德（James Ward）的启发，只有一小部分是在威廉·詹姆斯的影响下才提出了他'内部流动'的著名概念……假如我们已从美洲引进一种心理学，那么由于阴差阳错，我们又回报了他们一种哲学；现在我们从威廉·詹姆斯讲座那里除了接受柏格森主义的行动至上的教诲之外，再也不可能得到其他东西。"

上面的两个论断在我看来是不准确的。"内部流动"（l'écoulement intérieur）理论，更确切地说是"实在的时延"（durée réelle），不可能是在瓦德的影响下形成的，因为我写《论意识的直接条件》时对这位哲学家还毫无所知，甚至连他的名字都

---

① 此信刊于《哲学杂志》1905 年 8 月，第 60 卷，第 225 页。

未听说过，而拉杰奥先生却在这方面进行随心所欲的附会。在我的那本书出版一段时间后，我才在《大不列颠百科全书》上读到詹姆斯·瓦德的那篇谈心理学的文章。我认为这篇文章臻于上乘，因此自知道它的那天开始，就不停地向年青的哲学家推荐，以期引起他们对它的注意：这可能就是拉杰奥先生的文章出现上述的误解的原因所在吧。仔细查阅《大不列颠百科全书》上的那篇文章，我们可以发现，在我所提出的"实在的时延"与瓦德的"表现－连续统一体"（Presentation-continuum）之间只有微小的近似。

现在谈到威廉·詹姆斯先生，他是我十分爱戴和敬慕的哲学家，这是我不能用语言完全表达出来的感受。他的《心理学原理》于1891年问世。我的《论意识的直接条件》在1883年至1887年间构思并写成，发表在1889年。因此，在此之前我只知道詹姆斯先生在人们的发奋努力和激情方面的出色研究 [①]。也就是说，《论意识的直接条件》中的理论要点不可能取自詹姆斯的心理学。我应该立即补充一点：我这部论著所阐发的"实在的时延"的概念，在许多要点上与詹姆斯先生所描述的"思想流"不谋而合了。正是由于这个原因，我常常在讲课的时候将两者放在一起解说，并且在詹姆斯的观点中寻找对自己观点

---

① 柏格森不知道詹姆斯发表于《心智》（Mind）1884年1月号上的文章。这篇文章有一节已透露"思想流"的见解。

的印证。拉杰奥先生的文章之所以会去散播上述的误解，原因也发生在这里。但是，只要仔细地查阅和考证有关的文本，我们不难发现有关"思想流"的描述与"实在的时延"的理论两者的含义并不一样，也不可能追溯到同一根源上去。前者的含义和理论根源纯属于心理学的。后者主要包含着对均质时间这一观念的批判，通常出现于哲学和数学的领域中。

现在我想可以这么说（尽管我没有资格以詹姆斯先生的名义来说）：所谓的"柏格森主义"的影响在他的哲学思想发展过程中是无足轻重的。詹姆斯先生读过《物质与记忆》之后告诉我，他已经有好多年在与我类似的科研方向上努力工作：因此，他不必等待我的这本书的出版之后才进入他今天所走的路子；就像我的"实在的时延"的概念不是来自《心理学原理》一样，他的实用主义也不是导源于《物质与记忆》。

我之所以认为必须坚持这两点，那是因为拉杰奥先生的文章错把最近几年来在世界各地出现的思想运动（它旨在推进具有更普遍、更深刻的意义的事业）当作偶然和局部的事件，当作"法国哲学"与"美国心理学"相结合的产物。在各国的多数思想家那里，都感到有必要推出更依赖于真正的经验、更接近于直接的材料的哲学，它有别于主要从事数学的思想家所构想的传统哲学（指由笛卡尔等所建立的唯理主义哲学体系——译者）。这种趋势必定要转化为纯哲学与自省式的心理学之间的相互靠拢。人们可以从这种心理学出发，并将扩大为哲学：假如我没有弄错的话，那就是威廉·詹姆斯所走过的那条路子。我走的是反方向的路子。通过对某些界限分明的哲学概念的深入研究，我发现它们融化成一团飞逝的模糊的灰烟，也可以说它们变成了心理学性质的东西。当我开始批判诸如哲学和力学所共同结构的时间观念时，我几乎毫不怀疑自己进发在通往心理学研究的途中，而且我即将处理意识的材料。然而，我必须到达那里，既然我要在数学的抽象外衣下寻找具体的东西。

　　亲爱的主编先生，请接受我的最恭敬的心意。

1905 年 7 月 10 日，巴黎

纯经验不分主客观（可用形象来表示）

致 威廉·詹姆斯[1]

亲爱的同道好友：

　　阿博济（Abauzit）执意要我为他的译著作序，我只好写信告诉他，我估计承担不了这件事，并为此表示遗憾。这两三星期以来，我失眠得很厉害，全身神经都处于困乏的状态：这种状态由于我还坚持留在巴黎准备写这篇序而变得更加严重。现在我不得不停止一切工作，出去旅游，以期归来时还能重执教鞭。由于不能向阿博济表示我的好感，也不能说出我对您的书的极大爱羡（请允许我在这里这样告诉您），我感到十分遗憾。不过，没有一本外国著作可以像您这本那样无须让人"推荐"给法国公众，他们也能接受。

　　我一接到您寄来的文章就开始阅读[2]，我不能不告诉您，它

---

　　① 发表于《两世界杂志》，1933 年 10 月 15 日，见其中 R. B. Perry 的文章。

　　② 指那一系列讨论激进的经验主义的新论文，它们始于对人本主义的研究。

们是那么使我感兴趣。我认为，它们进一步阐明了您的理论主张，同时驳斥了反对您的那些意见。在我看来，要点在于您在第二篇文章中所处理的问题：人们的心灵是怎么知道一件东西的。我越是思考及此，就越发认为，哲学应该在您所指明的结果的附近停止下来：纯经验既不是主观的，也不是客观的（我用形象一词来表示这种现实），您认为这是某些意识对这种经验的占据；占据在我看来包含着尤其是形象的缩减，而您更多地认为（如果我对您的理解没有错的话）它处于与纯形象为伍的感应状态。而且，我不认为前面这两种观点是互不相容的，因为我所说的缩减总是在一种实际的目标下进行的；它引起我们身体的注意，其结果必将转化为搜集与排斥外部形象的身体的态势。然而这种身体的态势可以从它产生的地方（即形象－身体的内部）看出。我认为，这种从内部观看我们的身体的举动正是人们所谓的感应状态。

我不知道您是否在最近一期的《哲学杂志》上看到有关罗马国会的一篇文章①。这篇文章说我在自己的第一部著作《论意识的直接条件》中所提出的"实在的时延"的概念，是受到瓦德的启发，还有一小部分还是受到您的影响；而且，您现在阐说的哲学又是受到我的著作的影响。我立即写了一封信给《哲

----

① 见《哲学杂志》，1905年，第60卷，第84—85页。又见本书此前的致该杂志主编函。

学杂志》，刊登于后面一期；其中我申述：（1）我在写作《论意识的直接条件》时还不知道瓦德和您的观念，而且这部论著所阐发的理论显然有着与上十分不同的涵义和根源；（2）另一方面，您不可能从"柏格森主义"那里得到进一步的启发，原因很简单，早在《物质与记忆》发表以前您就已经进入您今天前进的轨道上来。

我认为对这一传闻的肇始必须追根究底，因为，据我的看法，人们之所以（从外部）产生对美国的"实用主义"和法国的"新哲学"的好评，最引人注目的理由之一正是在于这两种理论主张是彼此独立地形成的，它们的出发点和方法都不相同。当它们在相似的条件下趋向于某种的巧合，这说明它们碰到了彼此都接近于真理的机缘。

我热切希望您能按计划到法国小住数月。您可以肯定这点：不只是我一个人这样地盼着您的来临。

1905 年 7 月 20 日，蒙莫朗西别墅

评讲专论曼·德·比兰的哲学的两篇论文

致 道德与政治科学院[①]

先生们：

根据哲学部的建议,贵院为颁发 1905 年博尔当（Bordin）奖,在中学优秀毕业生会考中提出如下的论题"曼·德·比兰和他在现代哲学中的地位"[②]。今特为此评讲两篇有关这一论题的论文。

第二篇论文的题名是:《曼·德·比兰是我们的康德》（兰舍里埃先生词）,全部篇幅为 359 页（4 英寸宽的开本）。这篇论文的作者不拘限于研究曼·德·比兰已出版的作品；他还到 E. 纳维尔（Naville）先生的家去检阅尚未发表的手稿,并去佩里哥、贝尔杰拉克、佩里格、波尔多、巴黎等地访问曼·德·比兰的故居和查找有关的文档。他举出了（或者摘要说明了）相当大数量的未定稿,这方面的工作很引人注目。

---

① 这一学术通讯的讨论日期同上,后发表于《道德与政治科学院年鉴》,1906 年,第 165 卷,第 152 页及后文。

② 曼·德·比兰（Maine de Biran, 1766—1824）:法国哲学家,著有《习惯对思维能力的影响》《思维的分解》《直观》等。他的思想有些来源于神秘的唯灵论。

这篇论文分两大部分，其中的头一部分介绍曼·德·比兰的哲学，第二部分的小标题是"曼·德·比兰与现代哲学"。在对这位哲学家做了简短的传记式介绍之后，论文又用一章的篇幅来概括比兰的心理学方法；作者接着评述比兰的勤勉理论。从这里他又转到这位哲学家对无意识、自我生命、物理学与道德的关系、自由的本质、因果性以及认识问题等方面的看法。

我们还要从这些评述中清楚地看到曼·德·比兰如何从他所独出心裁批评的感觉主义出发，通过越来越深入地钻研某一观念，一步步地扩大他的研究范围。为此，确实必须树立曼·德·比兰的思想，并且付诸行动。论文的作者似乎就选择了这一思想和行动的纲领，他摘录了许多要点，并做了不少的批判工作，当然，这些批判不都是恰当的；他还把这位哲学家的观点与新近的各种理论加以对照，其中某些部分可以说一拍即合，但也有其他一部分与曼·德·比兰的东西分道扬镳，目的全然不同。因此，读者的注意力在这里相当分散，他既不可能光注意曼·德·比兰有关勤勉的问题的论说，也不可能在思维或内省的概念以及无意识的理论上反复琢磨；人们从中还不可能足够精确地看到比兰思想的深刻性和原创性。

第一部分的第二、三章题为《道德心理学》和《宗教心理学》，这两章写得要更加令人满意得多。论者首先研究了曼·德·比兰的道德进化思想。他先是与纳维尔先生一起得出这样的结论：

哲学家比兰悄悄地从准伊壁鸠鲁主义道德观（享乐至上）转变到斯多葛主义道德观（以淡泊与节制为高），后来又从斯多葛主义转变到基督主义。曼·德·比兰发轫于孔狄亚克的感觉主义（可能还要加上他在信仰上亲卢梭的倾向和在18世纪一般人都相信的善良的人性）；他先是推崇顺其自然和放任不羁的道德观。但同一思潮又使他在哲学上疏远感觉主义，并从道德上的伊壁鸠鲁主义那里脱身；对勤勉现象的深入探讨使他产生了类似于斯多葛学派的那种内在张力和专注的理论主张。后来，随着年岁的增长和更切身的自省，他开始怀疑意志的绝对有效性。是否出于这唯一的力量，或委身于这唯一的源泉，人类就能圆满成功呢？康德说过："你应该，因此你才能够。"曼·德·比兰则更可能这样说："你不能够，但你却应该如此。"据曼·德·比兰所言，他正是从这里认识到必须从自己最深邃的源泉中汲取做善事的力量；正是基于上述的一些认识，比兰主义道德观的最终形式得以建立。

第二篇论文的作者在这些道德观的问题之外附加了特别的一章，题为《勤勉的教育学》。他在这章中将曼·德·比兰描绘成卢梭和彼斯塔洛济①的门徒，目的尤其是在于突出地说明这位哲学家如何看重从儿童开始培养的内省功夫，这种内省功夫的

————————

　　① 彼斯塔洛济（J.H.Pestalozzi，1746—1827）：瑞士的教育家，大力提倡和实践全民性的普及教育。他的主要著作就是一本体现他的人道主义理想的教育小说《Lienhard und Gertrud》。

目的无非是排除危险的幻想。在这方面，作者引用了尚未编定的一两个动人的片段，如"由于我们没能及早地认识自己，因此给自己带来了不幸。只有以我们的错误和苦难编织而成的经验，才能昭示我们以真理；然而，这时生命之火即将熄灭，灯芯已经消耗殆尽了，油才添加进来"。

论文的第三章讨论这位哲学家的宗教进化观念。作者着意于界说曼·德·比兰所谓的"潜心默念于上帝"的含义。他从这里发现了与某些神秘主义者的入神情景十分不同的状态。据他说，这是一种与上帝结合的状态，而在这种结合的状态中，远未铲除掉的意志找到了最大的自由。读者可能要求看到更多的原著文字来印证这一结论以及说明这一结论是怎么推导出来的。不管怎样，对曼·德·比兰的道德进化观念和宗教生活的探讨，可能是论文中最有吸引力的部分。

论文作者在纯哲学领域则显得不那么得心应手，我们已经指出的他在分析曼·德·比兰的心理学理论时所出现的草率的弊病，在论文的最后那一部分（题为《曼·德·比兰与现代哲学》）又再度出现。这里也不是因为他没打算进行细致的研究和比较的工作。他讨论了罗伊耶－科拉德[1]、库

---

① 罗伊耶－科拉德（P.P.Royer-Collard，1768—1845）：法国哲学家，一度是巴黎公社的成员。他所倡导的一种唯灵论哲学对库赞影响甚大。

赞 ①、折中主义、一般的法国哲学、法国内外对曼·德·比兰的研究以及对他的理论主张的种种反对的意见等；然而，这些琐细而且叠床架屋的观点并没有精细地对准贵院所提出的问题：曼·德·比兰在现代哲学中的地位如何？一个哲学家的地位离开公认的基准是难以确定的。假如要让人家理解曼·德·比兰与某一哲学传统有什么联系，又在什么地方与该传统分道扬镳，那么就要设法将他一方面置于与笛卡尔或莱布尼茨一流人物的关系之中，另一方面置于与康德或费希特同等水平上来考察。此外，要指出曼·德·比兰的哲学对我们当下的影响，仅仅列举我们同时代人对他的赞美和悼挽之辞，甚至还比较了彼此理论主张详细的近似之处，都是不够的；在整个 19 世纪必须遵循的曼·德·比兰的主导思想是这样的：把哲学的注意力集中于心灵的内在生活；将人的个性（如呈现于意识层面的东西）定位于以前的形而上学所谓的相对性与绝对性之间，高于康德所谓的"现象"，但低于他所谓的"自在之物"（即"物自体"）；最后，假如可以这么说的话，以内省为指导原则，实验性地深入彼岸，或者至少抵达它的门坎。确实如此，与上面类似的事情都要求人们审查现代或当代许多理论主张的根本原则，而不

---

① 库赞（V.Cousin，1792—1867）：法国哲学家、教授。接受过曼·德·比兰的很大影响。是唯灵论、折中主义和哲学史学科的创始人，最早将黑格尔哲学引进法国。

是仅仅考察其中的某些结果。

不管怎样，第二篇论文虽然存在这样或那样的不足或缺憾，它仍代表作者长期努力的结果，也显示了作者严肃的思考品质和精神上巨大的好奇心，因此是值得尊重的作品。为此，哲学部认为应该给予它的作者一定的报酬。

★ ★ ★ ★

第一篇论文的题名为:《精神生活开始于第一次自愿的努力》（帕斯卡《思想录》中的语句),总篇幅为 364 页。它分四个部分:其理论主张的根源，自我，认识论，精神生活。

在这四个部分中，第一部分无疑令人最不满意。它谈了些笛卡尔，还用了几页讨论 18 世纪的哲学,这些对于理解曼·德·比兰所受的前人和当代人的影响没有多大帮助。可能有人会做这样的辩解：这位哲学家将他所有重要的理论主张都建立在他自己的基础上，他的哲学反映了他的个性。论文的作者就是这样说的："曼·德·比兰属于这样类型的人，对于他们来说，哲学是一桩严肃庄重的事业，为此他们投入了自己全部的生命，他们带着自己的感觉和自己的理性，自己的心灵和自己的精神，全力奔赴真理。"然而，他还必须对作为哲学家的这样一个人进行分析和深入的研究，而不能满足于一些说明；这些说明无疑具有提示的作用，但均嫌过于笼统粗略了。

论文的作者于是很快进入对比兰主义哲学的评说。他首先抓住该哲学的核心——勤勉努力的理论——来分析，不是没有道理的。

他告诉我们，孔狄亚克[①]认为，我们全部的内在生活"已缩成一星感觉的尘土，既非统一的整体，也无任何的联系，对此人们已说不清它究竟是外在的还是内在的"。在这类条件下，自我怎样诞生呢？怎样理解我们所具备的意识呢？曼·德·比兰在他的哲学思维刚刚苏醒之际，甚至在他还自以为是孔狄亚克的门徒之际，就希望自己能够"像孔狄亚克"分析理解力那样，作为一个习惯于自省的人来分析意志。因此，可以说他早已看清感觉主义者的理论主张的悖谬之处，因为后者误解了我们对自己行动的直感。

此外，如果说当孔狄亚克固守在感觉的地盘上时，他没有超出自我的限度，那么当笛卡尔[②]把自我提高到思维的水平时，他已经超出了自我范畴。事实上，他所说的思维（他在这里看到了灵魂的本质），不可能是"我思"所确认的那种瞬间的思绪。因为它构成"我在"，所以这是一种永久的实体。然而，作为永久的实体，它便不再进入意识之中。因此，"我思，故我在"这一命题或者导致将自我思维嫁接于某种纯虚构的实体上，或者

---

① 孔狄亚克（E.B.de Condillac，1715—1780）：法国哲学家，著有《论人类认识的起源》、《感觉论》等。

② 笛卡尔（R.Descartes，1596—1650）：法国唯理主义和唯灵主义哲学大师，也是数学家。

导致只把大量存在的、暂时得到确认的简单思绪让与自我。

实际上，孔狄亚克所抓住的自我是那些不可把握的感觉，笛卡尔则将自我提升为实体性的思维，前者低于"有意识的经验"（这才是恰当的说法），后者高于这种经验；我们认为，在两者之间存在着意识，即在其内部张力的连续作用下所产生的意识。论文作者用了好几页的篇幅来描述意识中的这种内在力量，它在曼·德·比兰哲学中所占有的特殊地位以及这位哲学家相对于笛卡尔、孔狄亚克还有休谟[①]而在哲学史上所处的位置；这些方面的内容都属于论文中的最精彩的部分。作者努力抽样表现曼·德·比兰思想的本质，他这样做的结果一般来说还是成功的。

有关曼·德·比兰的认识论的几个章节也不乏妙趣和深度。我们可以首先从那里看到无意识的底蕴，还可以注意到自我怎样猎取感觉来构成对客体的认识。这种认识的形式是来自哪里呢？自我从它对自己的活动的反思中抽取这种形式，也就是说，自我在反思中认同于力量、原因和永久的存在，它们与自己重合为一。因此，供我们组织我们的认识的那些概念，既不像笛卡尔所希望的那样是我们精神世界中与生俱来的东西，也不像感觉主义者所声称的那样是通过抽象和概括的手段从我们的感性经验中提取来的东西：它们是对我们自己的行动所形成的看

[①] 休谟（D.Hume，1711—1776）：英国哲学家，经验主义者，快乐论学派代表，著有《人性论》《道德、政治和文学概论》等。

法，并用采取曼·德·比兰所谓的归纳法来延伸，即变成对一般的现实的看法。笛卡尔错在让这些概念归属于某一超验的根源；感觉主义则错在没有察觉到他们必须弄清一般的简单观念与正确的哲学概念之间的强烈的不同：前者通过完全外在于其目标的一种精神力量来武断地或至少人为地剪裁自己的经验，后者由于是从内部而不再是从外部结构而成的，更确切地说，由于是通过意识到自己正常活动的精神力量从实际中产生出来的，因此与实在有着明显的联系。

曼·德·比兰所采取的也就是后者的理论立场（即正确的哲学概念）。论文的作者对此做了精确的描述；只是他没有充分阐发这种理论立场的原创性，尤其是没有让人搞明白该立场的不稳定性。该立场的原创性表现于它既非笛卡尔的，又非孔狄亚克的，也非康德的。然而这立场又是不稳定的，因为采取这种立场的哲学家好像很难避免滑入纯批判主义或者重新掉进传统的形而上学的壳中。被自我用于认识客体的概念，本身已经显现其活动的方式，这点是不难理解的；但问题在于要知道外部现实怎样与自我的概念相吻合以及为何我们的科学总的来说可以成功地做到这一点。解决这个问题的办法可否从曼·德·比兰的勤勉理论中引申出来呢？假如我们可以这样说的话，这问题是否就包含着一种纯粹比兰主义的解决方法？尽管曼·德·比兰的观点缺乏稳定性，但他可否仍然坚持下去，从而扩大自己的视界呢？论文作者好像没有提出这一问题，而这一问题又是令人十分感兴趣的重要问题。作者清楚地看到（尽管他对比兰的后期哲学的原创性可能有些夸大其词），这位哲学家终于进一步向传统的实体论靠拢；他补充了这样的意见：这种进展是十分顺理成章的，我们也认为比兰是自愿这样做的。但是，说比兰的这一理论主张得到自然的发展，不等于说他其他的理论发展就不自然，因为比兰的最后思想方式与他以前的东西一点也不冲突，我们没有理由像论文的作者那样认定：比兰的前后思想不存在准确和严格的延续性。尽管如此，作者还是清晰地解说了比兰的后期哲学，同时以可观的洞察力分析了促成比兰这一新的哲学导向的原由。

他实际上告诉我们，在这位哲学家的思维中那些概念最终怎样到达自我那里，并且首先与自我共存：那些概念变成某些形式，自我只是向它们提供素材，因此这些形式便与绝对发生关系。这样，曼·德·比兰已超出自我，或者说至少已将自我与更高的一种实在紧密地联系在一起。此外，他从没有忽视道德方面的问题，而是愈来愈密切地关注它们，正是对这方面问题的周密思考使他的后期哲学体现如下一致的目标：怎样在勤勉问题（那只是一种事实）上找到克尽我们的义务的坚实的基础？最后，随着年岁的增长，他更加清楚地意识到自己的脆弱，并由此意识到人类总体上的脆弱，于是这样地发问：我们能否单独和无安全保障地做我们应该做的事呢？于是，曼·德·比兰在通过各种不同的，然而中心目标一致的反思之后，决定或者改造他的哲学，或者至少更换他的哲学的核心：这核心不再是自我，而是上帝；上帝是在灵魂自信在一种新生命中复活的那种直觉中显现的。论文的作者用了四章的篇幅来评介曼·德·比兰哲学的这一最后的形式，对智力、意志、爱和信仰逐一加以阐说。

因此，第一篇论文可以说是一种方法的分析，在某种程度上和在某些方面深化了曼·德·比兰的理论主张。作者努力做到尽可能深入地探讨他所研究的这位哲学家的思想。他知道怎样从这位大师杂乱的著作中梳理出那些可以代表他的主攻方向的东西；他紧跟不舍这些东西，从作为一个平常的人的比兰到后者怎样在自己不同的观念中活动。此外，作者的语言素质高雅，下笔数十万言，都做到准确而肯定。因此，这篇论文从许多方面来说都不愧为杰出之作。

然而，它也有一些严重的缺憾。首先，对于贵院提出的两个问题中的第二个问题："曼·德·比兰在现代哲学中的地位如何？"论文的作者几乎完全默不作答：他虽是坚持在曼·德·比兰与笛卡尔和孔狄亚克之间观点的不同上进行比较（他发现比兰本身已经这样做了，他只是将此加以归纳和总结）。至于比兰与康德的关系，他几乎无话可说；还有，曼·德·比兰对 19 世纪的哲学所施予的影响，他也完全不予置理。因此，他只是完成了贵院所安排的计划的一半：其论文评述了曼·德·比兰的哲学。就这评述本身而言，它的优点在于紧紧抓住了这位哲学家的思想本质，而缺点则在于没有通过批判和讨论的手段来澄清有关的问题和主要的论点。当然，作者有权无保留地坚持曼·德·比兰的理论主张：为了完全地领会某个大师的思想，甚至有可能先要驯服地追随着它所有的前进脚迹，并坚持与它进行友好的交流。然而，当我们打算评述他的理论主张时，还必须考虑可能的反对意见，也就是说指明这种主张所提出或者似乎要提出的难题；仅仅为了使人家明白或者为了有信心使人家可以明白，也有必要对自己所论述的系统进行讨论。最后，即使我们主要将之作为对曼·德·比兰哲学的简说来看待，这篇论文仍有不全面之处，也就是说它将该哲学的一个重要方面撇开了。它实际上只把比兰当作一位形而上学家来对待。然而，如果说曼·德·比兰不愧为库赞所称颂的"自马尔布兰薛 ① 以来法国最伟大的形而上学家"，那是因为他还是一位心理学家，一位最深入人心的心理学家。他并不满足于把探测器投向最浑沌不清的意识的深处。他作为先驱者之一懂得：提出自省这一被人认为十分尖锐的方法问题，

---

① 马尔布兰薛（N.Malebranche，1638—1715）：法国哲学家和神学家。

在心理学上仍显得不够全面。我们的心理生理学，尤其是我们的心理病理学，在这方面还欠缺些什么：光说一点吧，大家知道比兰的"无意识的"感觉这一概念（即感觉到，但没有领会），在今天怎样又被鼓吹心理自动主义和个性的狭隘性的理论家们所炒作。论文的作者几乎没有告诉我们什么有关曼·德·比兰的这种心理学，也没谈任何他在实际的科学领域中的反响。所有这些缺陷使我们不能建议贵院给他颁发博尔当奖。但他的这篇论文至少应该获得某种报酬以资鼓励，此报酬高于将颁发给第二篇论文的报酬。

★　★　★　★　★　★

简而言之，哲学部认为今年的博尔当奖不宜颁发，并向贵院建议给予题名为《精神生活开始于第一次自愿的努力》的第一篇论文的作者1500法郎的报酬，给予题名为《曼·德·比兰是我们的康德》的第二篇论文的作者1000法郎的报酬。

1905 年 11 月 8 日

推荐阿尔弗雷德·宾内的著作《灵魂与肉体》

致　道德与政治科学院 [①]

　　我很荣幸地向贵院介绍索尔邦大学心理研究室主任宾内（A·Binet）先生的著作《灵魂与肉体》。该书在尽可能贴近事实的轮廓的前提下，进行十分有趣而奇特的界说物质与精神的尝试。作者说得非常对，哲学太经常被封闭于诸如思想和运动这样的一些抽象概念里头，而这些概念只是某些具体条件的符号，我们的一切努力都必须想法与那些具体的条件本身相接触。然而，只要对"物质"一词的内容加以分析，我们就会发现其中除了感觉之外其他什么东西也没有。人们是否想要通过物质的力学理论来超越纯感觉，同时掌握那些东西的内在机理呢？假如有人思考过那些理论解释，他就发现它们只是在具有广泛代表性的天赋感觉的基础上突出视觉和触觉。然而，宾内先生非常巧妙地说明，不仅像物理学家所做的那样（即减小振动中的音叉的声音）可以通过视觉来解释听觉，而且也可以通过听

---

　　① 原载于《道德与政治科学院年鉴》，1906年，第165卷。

觉来解释视觉。

确实，一般来说，当我们像这样又将物质引入感觉之中时，我们便会自以为已经在心理上解决了那一物理问题：由此而来的便是人们常说的观念论或理想主义（也译为唯心主义——译者）这个名称。与此相反，宾内先生的这一论著的创造性之一则是使感觉化为某种物理现象。据他所说，他在这方面完全服从通常的见解，即把物质与我们所看到和所触摸的东西（也就是感觉）同一起来："感觉并非认识物质的种种特性的一种工具；感觉就是那些特性本身。"

那么，在精神方面还剩下什么呢？首先，精神已经出现于感觉之中，因为，从感觉作为"被感觉到的东西"来说，它是物质；而作为"感觉行为"，它又是精神。人们从感觉中产生的意识，从感觉中得到的判断，应用于感觉的推理，对感觉进行的整理和分类……所有这些都是精神。只是，精神和物质在感觉中所表现出来的这种重合的性质，在这两个词语之间建立了一种特殊的关系。这既不是像唯物论所认为的那样是一种同一的关系，更不是唯灵论所谓的两个实体的关系。

简而言之，上述的见解就是这本充满透辟和精细的观点的著作的结论。如果这一结论再加上一种类似的假说便能对精神的活动（至少像似活动）和意愿的表现进行考察，那么我们可以肯定该结论令人完全满意。然而，当我们考虑那些现象（指精神活动和意愿的表现）时，似乎像作者一样很难给予精神以更加"实体性"的存在。尽管如此，作者能够以精确的词语提出这个问题，并且寻求通过比较新颖的路子来解决它，这便显示了他的优点。

1905 年 12 月 25 日

关于巴尔杜的著作《论当代英国的一种心理学：好战的危机》

致　道德与政治科学院 [1]

我荣幸地以《论当代英国的一种心理学：好战的危机》的著者雅克·巴尔杜（J.Bardoux）先生的名义向贵院介绍该书。此书正如它的标题所示，是一部社会心理学论著，而不是只关涉纯抽象的心理学。作者似乎是从这样的观念出发的：各民族与个别的个人一样，不具有永恒的性格。他不是采用一般化的语词试图一劳永逸地描绘英吉利民族的面目，似乎那是一种静止的事物；他是通过整个 19 世纪的事实来追溯该民族变化的表情。人们或许会说，这关系到着手去做的一种行动中的心理学：它可算是绝顶困难的事业，因为它要求细致地研究英吉利民族在哲学、文学、经济开发、政治和社会的进化等各种不同的表现领域中活动。作者在这方面已完全成功地达到目的。此外，他的这部著作对英国的事物有着深刻的认识，对英吉利的民族

---

① 　原载于《道德与政治科学院年鉴》，1906 年，第 165 卷，第 683 页。

精神也怀有极大的同情。

　　他认为，英国的社会既是一个工业化和城市化的社会，也是一个贵族化和宗教化的社会。从这三个观点来看，英国社会从战争的角度来说，似乎屈服于扶植它或能够扶植它的势力。它的工业一直寻求着出口的市场，因此也需要某种力量的保护；它的贵族政府像一切贵族政府一样是好战的。最后，英国是一个突出的宗教社会，爱国主义精神便由此培育而成，它作为一个有力的部分，是从深刻的信仰开始，到肩负使命并在世界上完成这一使命结束。桂冠诗人奥斯丁（Austin）曾说："谁为英国而战，他也就是为上帝而战。谁为英国而死，他死后的灵魂与上帝同在。"

　　现在，在从大约 1870 年开始的四十多年时间里，上述的几种势力又涌现出来，它们已经制止了那些好战的趋势。由此产生了"和平的宁静"，作者以巨大的透视力分析了它产生的原因：这一分析在他的书中不少于 200 页的篇幅。他认为，首先存在"政治的自由主义"，也就是部分地来自法国的总体观念，体现于科布顿（Cobden）、斯图亚特·穆勒（Stuart Mill）、格莱斯顿（Gladstone）这样一些人物的身上。可能还存在由狄更斯、罗斯金，以至于在某个方面由卡莱尔所代表的"文学的观念论"，以及"民主的和人道主义的运动"。不过，在所有其他事物的基础上，能够解释所有其他事物的存在便是某种工业发展的形势和某种农业繁荣的状态，它们使自由交换的观念成为不可避免的东西，使和平成为十分必要的条件。

但是，就在1870—1880年间，人们看到了这些不同缘由的行为衰颓了或消失了。首先，自由主义者被击败了；他们失败的主要原因可在保守党得势上寻找，后者坚持某些社会改革和开创国家社会主义，同时与英国传统的对立不是那么厉害，等等，赢得了公众的支持。迪斯累里①熟练的策略唤起了民众对各种社会问题的注意，从而转移了他们的政治改革要求。随之而来的是帝国主义，据作者的看法，它绝非偶然的事件。他没有忽视当下的某些必要问题，同时又伸展英吉利的民族精神的深根：在庇肯斯费尔德（Beaconsfield）之前，卡莱尔在这方面就已提出过精确的方案。最后还必须考虑到商业的萧条有各种各样的原因，其中主要是两点：几乎到处出现的保护主义的逆反，还有德国人的竞争。好战的趋向从此开始抬头，伴随着这样的信念：在许多场合中，战争是有用的东西。英国舆论对南非战争的态度尤其突出地说明了这点。作者对此做了精细的分析。他在书末向我们提供了英国当下的心理状态的简表，其中有两股潮流或力量主宰着它：一是要把英国投入战争，另一是反对派想让

---

① 迪斯累里（B.Disraeli，1804—1881）：英国保守党首领，首相（1867—1868，1874—1880）。在托利党改组为保守党时起过重大作用。任内大力推行殖民扩张政策。

英国走向和平的主张。

　　以上就是这部著作的结论。这部著作以它突出的文献价值，丰富的事实，思想和方法都引人注目，以及所达到的结果的重要意义而令人难以忘怀。

　　　　　　　　　　　　　　1906 年 2 月 10 日

关于吕格的《心理学一般概念》

致　道德与政治科学院 [1]

我有幸代表哲学教师 G．H．吕格（Luquet）先生向贵院介绍《心理学一般概念》一书。此书引人注目地试图展开在通常的心理生活中所采取的观点。心理学家惯于按物理学家的方式行事，他们像处理原子一样处理人心世情。每一种心理状态都有它的稳定性和相对的独立性。那些心理状态按照合力的原则组成各种群体结构，就像在原子和分子之间所出现的情况一样。从自我的一般状态进入下一状态，与非生命物质一样，要服从同一的因果律的支配。然而，吕格试图说明，研究心理事实时必须创造出一些新的范畴，这些范畴不能还原为物理学家所使

---

[1]　这是一篇提交给法国道德与政治科学院的"学术通信"或"报导"。该科学院由"国民公会"建立于1795年，聚集了一批哲学、法学、社会学、历史学和地理学等方面的学者，总人数与法国科学院一样，亦为40。括弧内的日期为该科学院研究这一报导的会议日期。后面与此类似的情况不再加注。该文后载于《道德与政治科学院年鉴》，1906年，第166卷，第119。

用的那些概念。心理状态基本上是不稳定的，它具有自我显示或自我隐蔽的内向力。而且，一种心理状态并非独立出现于其他心理状态之外：它与那些状态一起构成独特的多样性，那是一种互相渗透的多样性，与任何其他事物都不能相比。从某种角度来看，这一多样性是一个统一体，但它与整数没有任何共同之处。再说，心理的因果律与物体的因果律有所不同，前者是循环的，即一般来说，结果可以重新引发出它的原因。专心与否要看记忆的程度如何，但是，记忆力又是在注意力的作用下产生的。性格在某些方面产生于一个人所养成的习惯，但是，这个人又是在他的性格的影响下养成他的习惯。从所有这些考虑出发，作者得出这样的结论：心理学方面的解说不应该刻板教条，而是要有一定的伸缩性。有关一切觉识过程的问题都属于实用的问题，尤其是属于实际的利益的问题。

为了证明这些一般的命题，吕格先生进行了一系列精心巧妙的观察。我们估摸，心理生活的特点正是像他所描述的那样；如果说心理学家难以采取这种观点来解释所有的细节问题，那么，哲学家正应该在这里进行全盘的规划。

1906 年 5 月 5 日

关于戈尔蒂耶的《艺术意义》

致　道德与政治科学院 [1]

　　我有幸代表《艺术意义》一书的作者保尔·戈尔蒂耶（Paul Gaultier）先生向贵院介绍此书。这本著作在确定艺术的性质、作用和价值的方面，同时在尽可能密切地注视艺术在我们身上所引起的情感反应的方面，都做出显著的努力。通常情况下，人们尤其对于作品中可见的形式，它所暗示给我们的思想，或者它的创作动机和来源，都特别注意。相反的，假如有人反对这种理智型的审美方式，那么他便太容易将情感当作一种神秘的审美对象；对此已经没有什么可谈的了，因为人们宣称：情感既不可能用思想也不可能用词句翻译出来。戈尔蒂耶《艺术意义》一书主要的创造性之一就是，一方面，它将艺术家体验的情感当作他所要完成的作品的本质，又将我们体验的情感当作归属于作品的美的来源，但另一方面，它像古典美学对待各种思想观念一样对待这种情感（我们通常称之为"美感"——

---

　　① 原载于《道德与政治科学院》，1907 年，第 167 卷，第 425 页。

译者），努力将之分解为种种因素，并且鉴赏其价值。

艺术首先包含于美的生产之中。然而，美是什么呢？美不是独立于我们的实体，即：不是从超感觉的世界中，甚或从普通的自然界中，照搬过来的东西。美就在我们之中；它是我们面对某些客体时所产生的情感。它属于直觉的范畴，无关乎"推理"；它只有通过感性的中介才能诉诸理智。但是，这样是否便意味着"趣味无争论"，或者审美判断纯属一己之私意？作者并不这么认为。艺术品大概都将艺术家的某种情感外化；因此，它们或大或小的价值均视所表现的情感的性质，即艺术家的个性，以及他将自己的情感客观化的程度如何而定。至于自然界美不美，那就要看我们是怎样地反映它，因为我们都是通过艺术来观看"自然美"的。《艺术意义》的作者认为，根据对于自然界的情感反映的历史记载，人们不难赞同关于自然界的这种审美观。由于持续不断地接受艺术家们对于自然界的"解释"，我们现在都已学会怎样欣赏"自然美"。

由此可知，艺术品的价值并不依赖于主题重要与否；所处理的主题可能还是以前的那个，但艺术本身的创新却是永无止境的。艺术创新来自风格，即艺术家的个性，但归根结底还是来自他的理想，假如这理想是以心灵感触到的，而不是以理智构想出来的。但是，我们也不能像某些美学家一样，由此得出这样的结论：选择怎样的主题都无所谓，这方面的考虑是完全多余的。艺术家的感性活动不可能凭空进行，他所体验和试图表达的情感，部分地决定于他所处理的主题。因此，选择怎样的主题，间接地影响到作品的价值。

艺术不仅仅向我们展示艺术家的灵魂，它还展示艺术家所生活的社会的灵魂。艺术之中充满着种种的教育内容，它让我们如临其境地接触到从那些已经修饰过的历史记载中反映不出来的某种民族性；这种民族性是不可磨灭的，也是难以通过通常的话语表达出来的。艺术在诱导我们与那些伟大的艺术家一起回味社会的内在生活的同时，无限地扩张我们的心灵。

艺术品中的教化作用，与其说来自所处理的主题中与艺术无关的道德观念，不如说产生于它所激发的情感的性质；这种艺术感染力与道德情感存在着某种亲缘的关系。艺术品还有某种社会作用，因为它向四周散发着同情共感的光辉。

以上便是《艺术意义》这本书的作者所提出的总体观念，其中揉进了许多他深入而细致的观察的结果。他写这本书的目的是要让我们更好地理解并热爱艺术。布特鲁（Boutroux）先生为此书写了序言，我们不打算强调这一序言写得如何有深度或对此书有什么提高。

1906 年 11 月 24 日

关于进取精神的心理分析

《意志理论》和《心理学原理》的讲评 ①

星期五那天有关《意志理论》的讲演分析了意志，尤其是分析了进取精神。进取精神可分三个方面：体力，注意力和自愿的、有意识的努力。本教师致力于探讨三者之间的共性，得出了这样的结论：进取精神总是与以下几种特殊关系的建立相适应：感觉与形象的关系，形象与意念（idees）的关系，不同类型的心理状态之间的关系（后一种关系更有普泛性）。

星期六的讲演用于评述和讨论赫伯特·斯宾塞（H .Spencer）《心理学原理》中的某些章节。

1906—1907 年

---

① 这篇摘要最初见于《法兰西学院年报》（1906—1907），第80页。法兰西学院创建于 1530 年，临近索尔班大学（现主要为"巴黎四大"），与法兰西学士院（或称"法兰西科学院"）有别，也与一般的大学稍有不同；它采取比较自由的教育制度和听讲方式，柏格森在那里开设过哲学、心理学等讲座。

真理处于变易之中

致 威廉·詹姆斯[①]

亲爱的詹姆斯教授：

您的来信给我带来了极大的快乐，对此我必须立即提笔向您道谢。您说哲学家都喜欢听人夸奖，在这方面他与凡夫俗子相差无几，是很有道理的；但是，请允许我告诉您：我所特别坚持的投票选举制度，就是那位对于重新塑造一代又一代新人的心灵做过有力的贡献的思想家提出来的，他的著作总是使我赞赏不已。因此，您在信中所发表的那些看法，很自然地渗透进我所探讨的那些主要观念之中；而且您早做了安排来防备这些观念必定会激起的非难。这些都使我感激万分。我认为，仅此已使我在这本书上所下的 10 年苦功得到充分的酬报。

我一收到您邮来的《实用主义》一书，就开始阅读，看来在读完它之前是不会释手的。这是对未来的时代所做的哲学规

---

① 本信最初见于法文《两世界杂志》，1933 年 10 月 15 日，第 808—809 页。

划，令人由衷地钦慕。通过形形色色的问题和设想（您知道怎样促使它们总是趋向同一中心），还通过暗示和清晰的推理，您给我们带来关于某种灵活自如的哲学的观念，更确切地说是对这种哲学的感情，其目的在于取代理智主义。我从未也没有像读到您的"实用主义和人文主义"这章时那么清晰地考虑到我们两个观点的类似之处。您提出了某种形而上学的公式，当您写道："对于唯理主义者来说，实在是现成和完整的东西，具有它不可磨灭的永久性，而在实用主义的理论体系中，实在仍在建构之中。"① 我相信我们都将走到形而上学那里去；假如我们不曾受到柏拉图的唯心主义的魅惑，我们早已达到形而上学的目标。我是否要继续前进，直到与您一起肯定：真理是处于变易之中的吗？我相信实在的变易性，超过相信真理的变易性。即便我们能够测量出自己对实在的变动所具备的直觉能力，所采用的量度也不会是固定不变的东西；真理——也可以说就是量度本身——估计也是如此的吧？然而，在到达上述的目标之前，还要进行许多探索。亲爱的詹姆斯教授，为了您寄赠的这部新作（它一定会产生相当广泛的影响），我再次向您表示衷心的感谢。

1907 年 6 月 27 日，蒙莫朗西别墅

---

① 见于 W. 詹姆斯《实用主义》（英文），第 257 页。柏格森的"形而上学"概念与机械唯物主义有很大的不同,详见他所著的《形而上学导论》。

对评论《创造的进化》一文的回答

致 《月刊》杂志社社长

社长先生：

勒·唐特克(Le Dantec)先生在贵刊发表的、专门评论拙著《创造的进化》的文章，[①]确实使我感到异常地困惑。尽管我已经尽了一切的努力，仍然找不到在我所说的东西与勒·唐特克先生强加在我身上的东西两者之间有丝毫的关系。

勒·唐特克先生将我以前写的一篇关于科学和形而上学两者的基础的文章作为出发点。[②]我确曾为相对的和绝对的术语做过界说。例如，关于运动这一现象，我说过，根据是运动还是静止的观点，以及观察位置的不同，人们所看到的一个物体的运动状态也有所不同——为此，我们称那运动是相对的。我说过，不管是在哪种情境之中，我们都是处身于物体之外。我

---

① 见于《月刊》(Revue du mois)，1907年9月10日，第351—354页。

② 指柏格森：《形而上学导论》，首发于《形而上学与道德杂志》，1903年1月。

还补充说过，当我们谈及绝对的运动时，"我们即是把某种内在的因素归因于运动，就像种种精神状态一样，我们同情这些状态，而且我们通过想象力的作用介入这些状态之中"。在这里，勒·唐特克先生提醒我注意所谓的运动的感觉实属幻想。他让我明白：在铁路上旅行时，人们会失去前进的方向感，甚至会认为车站向前移动了。他还说："我们客观上所见的都只是相对的运动。"但是，对此谁曾提出过任何的异议呢？我只限于这样地说：当人们公然谈论绝对的运动时，他们是想把某种内在的因素归结为运动的结果；而且，他们从良知上意识到自己所自愿执行的运动——这种意识不依赖于任何象征性的符号，也与任何的观点都无关。或许人们可以用更丰富的术语来定义运动的观念。但这种定义将采取否定的形式：它总是首先或明或暗地生发出相对运动的形象，然后从中再消除掉某种东西。一旦我们要给予绝对运动这一观念一个肯定的内容，我们就必须回到某种心理形象中去。笛卡尔已经很好地阐明过相对运动的观念中的数学特点，他做了这样的解释:所有的运动都是"相互的"，如果说是 A 往 B 的方向移动，我们也可以说是 B 往 A 的方向移动。而亨利·摩尔（H .More）则很好地阐明了绝对运动的观念中的心理学特点，他这样地回答笛卡尔关于肌肉的紧张活动中内部感觉的问题："假如我安静地坐着，而另一个人在一千步开外，累得满脸通红，那么肯定是他在运动，我在休息。"在勒·唐特克先生所引用的段落中，我除了挨个地定义笛卡尔和亨利·摩尔的观点之外便什么也没做了。

眼下，当问题涉及如何解决哲学家们所提出的有关运动的一些巨大难处时，我的立场是站在亨利·摩尔一边。当然，这不是因为我在"考虑某种运动"时看到了设想"有人正在移动"的好处。在勒·唐特克先生以前，谁会去动这种奇特的念头呢？就像他所说的那样，要研究特定的某种运动，总是应该采用一些客观的测量程序；这是众所皆知的道理，我本人也多次这样地说过。但是，我们可以深信，对于肌肉运动的内部感觉，比起对于外部位移的视觉来说，会使我们更加深入地了解运动的核心本质。前者是运动的内在的作用，后者只是向我们显示它与周围事物的关系。除此之外，我就没有什么可说的了。

然而，勒·唐特克先生要我乐于通过想象使自己置身于我每次所见到的运动物体上，并且随着那物体一起奔跑。他就是从这个设想出发来改编我的书。他认为，我习惯于按自己的方式的思考，只涉及个人的一些细节问题。此外，我因此一定会栽倒在"对次要现象的意识这一理论上，这里将人类意识看作为众多基本意识的统一体"，只有"这种令人扫兴的理论才会显得诗意化"。不管对次要现象的意识这一理论是令人扫兴还是令人欣慰，它都与我完全无关。我所关心的唯一问题是要知道它是否真实。而我实际上认为它是彻头彻尾虚假的。我的所有著作，从最早的一本直到勒·唐特克先生刚刚读过的（至少是刚刚议论的）这本，都旨在证实：意识是有效的，而且确实是富于创造性的。我以前只是试图通过对记忆中正常的和反常的现象的研究，而不是通过先验的演绎方式，来测定心理状态与思维事实之间的独特关系。这是一种极其复杂的关系，它与"对次要现象的意识"这一概念没有丝毫共同之处。

勒·唐特克先生对我的头一回误解，连带产生了其他一些解读的错误。由于认定我会像他那样相信生活和意识中的数学原则，他由此得出这样的结论：我的最后一本书（指《创造的进化》——译者）只能是这种数学机械论的"诗意化"的翻版。然而，事实上我这部著作从头到尾恰恰是对这种数学化的观念的否定。我这里不打算就那些生活现象所必须采取的哲学观点进行界说。假如我在上文中只要用几行文字就能把自己的意思解说清楚，那么我写出了400页的一大本书来便是不可饶恕的错误了。我所要说明的只是：从现有的生物学方面的资料来看，人们既可以通过数学的模式（我认为勒·唐特克先生就是这样做的）将那些资料贯穿起来，也可以通过心理学的模式（这是我所试过的）来串连那些资料。但不像勒·唐特克先生可能认为的那样，这两种不同的方式竟会产生同样的结果。应该说，这是对待生命进化的两种对立的观点。第一种方式排除了生命进化过程中的各种偶然性。第二种方式将偶然性作为生命进化过程中的一个组成部分，并且致力于精确地划定偶然性的界限。

我所取得的结论之所以不能与勒·唐特克先生的结论混为一谈，原因也就在于上述的分歧。现在只挑我称之为"生命的冲动"这一重要的因素来谈，我看不出它在哪一方面可算是"普遍的竞争"，也弄不懂人们怎么可能把它与"遗传性"混淆起来。正像勒·唐特克先生本人所注意到的那一情况一样，这里所反映出来的变异的原则要大大超过保守的原则。尤其值得注意的是，人们除非通过心理学这一层次的研究方式，绝无可能取得与上述的原则相近似的成果。

此外，在选择某种研究方式时，有幸与勒·唐特克先生切磋，我不能不感到万分高兴。只是我担心：即使在我们使用同一语言交谈的场合，我们距离相互理解的地步还十分遥远。当我在上一本书中谈到我们的逻辑基本上是实体方面的逻辑时，我的目的在于回顾我在 20 年前答辩通过的一篇论文的观点，即我们的理智的主要作用是"空间化"和"实体化"；它早已是我的《论意识的直接条件》这一著作的指导思想。这一观点在揭示激进的决定论的虚幻性质方面总是给予我很大的帮助；激进的决定论喜欢在绝对的实在世界中设立我们的理智惯于操作的机械的象征物，借此产生空间图像或向空间发展，尤其是沉浸于对实体的考究。也是在《论意识的直接条件》这本书中，我坚持认为，理智必须表现在细察现在中的瞬间，变化中的状态和运动中的位置，从而在静止的事物的相互组合之中人为地重建可变的运动性。不过，我从来就没有把这种方法称为电影制作法；当时还没有发明电影。不管它是什么，也不管人们怎么称呼它，在我看来，我们的理智所固有的这种机械论，是我们倾向于从实在中消除具体的时延（dur é e concr é te）的真正原因；我们一般只考虑数学的时间，只看到发生不可分割的和不可逆转的变化的各个部分怎样组合、解体和重新组合，其原因同上。也就是说，当我们采用机械的方式来表现意识和生活的进化时，上面的第二分句像第一分句一样可供我展示这种机械的方式所具有的人为特点。

社长先生，请接受我对您所怀有的最崇敬的感情。

1907 年 8 月 20 日，瑞士

关于思想观念的表述方式

致　阿尔弗雷德·宾内 [①]

我亲爱的同事：

对于您的通讯记者在信中所提出的那个问题，我实感无法解答；但我在做这样的思考：那个问题是否真正地限于这些词语上所表达的那样？除了我在自己的一些著作中所采取的那一方式之外，是否还能为学生们寻找出另外一种阐述方式？我曾经写信告诉过您：已经有些日子了，我没有发现我的学生们在理解我的思想观念方面有什么困难。我也从来没有遇见他们之中有哪一位像您的通讯记者所描绘的那样对我的著作或讲授采取间离的态度。对于他的失误之处，我只能做这样一种解释：他可能忽略了我所提出的，在观察和思考方面的正面努力，意味着事先否定了一系列先入之见；而且，这些在我们的头脑中很自然地产生的先入之见，首先要以哲学史上未有的简明的方式来表述。因此，假如人们未

---

①　此信曾发表于《心理学年刊》（*Année psychologique*），1908 年，第 230—231 页。宾内（A.Binet，1857—1911）是该刊的创始人之一。

曾严肃、认真地致力于弃除我们的推理能力中所固有的决定论错觉,我怀疑他们究竟能否像我所理解的那样,更确切地说,能否像我所觉察到的那样,达到对自由的清晰的意识。如果不首先将那种错觉分离出来,我们便不可能对它进行思辨。那么,怎样才能将它分离出来呢? 恐怕除了按照通常的哲学史的办法深入探讨各种决定论的表现形式之外,别无良策。我在这里不提出这方面的例证,但我深信,如果没有进行这方面的准备工作,对于我的论著之中的无论哪一单篇,我们都不可能一下子就将它阐说清楚。由于缺少这种准备,我们固然仍可以让某位学生开始某种特殊的思辨工作,却不能为他提供进行到底的必要手段:这位学生必定只满足于那些肤浅、空虚的套式,结果那项思辨工作便无法继续进行下去。然而,还有一种情况,在那里不存在特殊的和新的表述程序:我在自己的几本书中正是采用了这种表述程序。人们都仅仅满足于列举某一本书中的种种伦理主张;他们并不去申说那些东西,因为他们所面对的读者早已接受有关的哲学体系的熏陶。当然,在学校的讲堂上,我们都不能仅仅依靠引譬连类或暗示的办法来推行学生还不知道的伦理主张;而是要着手申说那些东西。对此,或者我本人犯了大错,或者您的通讯记者忽略了这点。

我亲爱的同事,请接受我的良好的祝愿。

1908 年 3 月 30 日,巴黎

简介个人哲学观点的转变

致　威廉·詹姆斯 [①]

亲爱的詹姆斯教授：

昨晚我拜读了您那封贴着英国邮票的信函，感到说不出的喜悦。为此我甚盼能有机会与您切磋。

您让我参加您在牛津大学的一个讲座，这给了我极大的荣耀。我多么高兴能够在这个讲座和其他讲座中恭听您的教诲！至少我希望您不会拖迟将您的讲稿汇编成册。

现将您所需要了解的情况告禀。首先是我的简历：1859 年生于巴黎；1868—1878 年就读于孔多尔塞（Condorcet）中学；1878—1881 年就读于高等师范学院（我国培养未来的大学教师的机构）；1881 年获哲学教师资格（会考合格），1889 年获哲学博士学位；1881—1898 年在外省及巴黎的几所中学担任哲学教师；1898—1900 年执教于高等师范学院；自 1900 年以

---

①　此信首发于《两世界杂志》（*Revue des Deux mondes*），1933年 10 月 15 日，第 810—811 页。

来，执教于法兰西学院；自1901年以来，入选法兰西研究院院士①。

眼下就引人注目的事迹而言，在我的事业进程中迄未出现过，至少客观上如此。但主观上，我不能不把离开高等师范学院的头两年（从1881年至1883年）自己在思想方法上的突变看作为十分重要的事件。在此之前，我满脑子还是充塞着机械论的一类东西，几乎是长期无保留地接受英国哲学家赫伯特·斯宾塞的那一套理论。我的目标曾经是献身于人们称作"科学的哲学"上，但从我离开师范学院开始，在朝着这个目标前进的途中，我就对几个基本的科学概念进行了考察和检验。无论是对力学还是物理学中所牵涉的时间概念的分析的结果，都完全推翻了我过去的观念。我十分吃惊地发现：科学的时间并不存在"延续性"，如果实在世界的总体性是在瞬间突然展现出来的，那么我们对事物的科学认识就会丝毫不变；而且，实证科学主要便是"时延"（durée 通常译为"绵延"——译者）的取消。这就是我后来一系列思辨活动的出发点，由此我逐步地抛弃了几乎全部的以前所接受的东西，重新树立了新观点。我在《论意识的直接条件》（第87—

————————

① 原文为 Membre de l'Institut, Institut de France 建于1795年，包括法国科学院、文学院、自然科学院、工艺美术学院和道德与政治科学院等五个单位。

90 页，146—149 页等处）中概述了对"科学的时间"这类的命题思考，它们决定了我的哲学研究方向，而且关系到我从此以后所能进行的一切思辨活动……

1908 年 5 月 9 日，蒙莫朗西别墅

"上帝"存在于何处?

致　J. 德·童格得克神甫[1]

亲爱的约瑟夫·德·童格得克神甫:

……在《创造的进化》(第268—272页)中我谈到上帝,就像谈到一个源头,从那里,以其自由、奔放的力量,一阵又一阵地迸涌出泉水或"激流",[2]分别构成个人的世界。因此,那"源"与"流"有区别,我们不能认为那"源"有什么错处:如说它"突然中止迸涌是屡见不鲜的事",或者说它应该"感谢自己所赋予的物质性"。此外,我对于"无"的不可能性的论辩,丝毫也没有针对或否定超验的原因在世界上的存在:相反的,我在该书(第299—301和323页)中反复解释我的论辩是以斯宾诺莎的存在概念为目标的。它在末了仅仅显示某种东西总归

---

[1]　此信是对 J. 德·童格得克(Joseph de Tonquédec)《柏格森是一元论者吗》一文的回答,见于《宗教,历史和文学的研究》(耶稣会神甫编著),1912年1—3月,第516页。

[2]　原文为 élan,亦译为"冲动",柏格森所强调的"生命冲动"也用这词。

存在着。至于这个"某种东西"的本质，在我的书中确实没有提供任何正面的结论；不过，在我的有关论辩中，我这样或那样地说过：世界本身才是永久存在的东西；我的书的其他地方则明显地论说另一码事，或者意见与上相左。

1908 年 5 月 12 日

关于内拉克的著作《拉·封丹》

致 道德与政治科学院 [1]

我很荣幸地代表《拉·封丹》一书的作者 J.P. 内拉克（Nayrac）先生向贵院介绍此书。内拉克先生是一位心理学家，曾写过一篇关于注意力的专论，已因此得到贵院的奖励；现在他又从心理学的角度分析拉·封丹的个人生活和创作。因此，他更多地注意到这位作家的书信、歌谣、讽刺短诗等表现自发性的日常文字，而不是那些最完美和最成熟的著作。他对拉·封丹的履历、回忆录以及与他的思想观念的形成有关的想象力和写作方法，感受性和个人意志，哲学和心理学修养，还有总体风格，人品和性格等，都一一做了研究。将内拉克先生对这位诗人的见解归总起来看，拉·封丹便被表现成一个既很复杂、又很不稳定的人物：他意志薄弱，反应迟钝；一时冲动起来，又将自己的职责置之度外，只晓得寻欢作乐；但是，当他从事自己所喜欢的工作时，他会全神贯注，并能付出必要的努力。他的感受性

---

① 原载于《道德与政治科学院年鉴》，1908年，第170卷，第484页。

属于最精细微妙的那种；它会因最轻微的冲击而震颤；它使它的主人感兴趣于从眼皮底下经过的一些微不足道的事物，并且独往独来，不知禁区为何物。如果从感受性的范畴提高到理智的范畴来说，这种活动性便成了好奇心，即具有普遍意义的好奇心：拉·封丹对他那个时代的科学、心理学、哲学等都持有自己的看法。内拉克先生的这部著作在这方面，就像在其他方面一样，包含许多有趣的细节——他希望人们借此可以着手研究作家和艺术家，同时要求人们采用今天的心理科学所提供的各种分析方法。其中之一是，利用所要评估的作品中的细节来重建作者的心理结构，再通过这种心理结构来阐明该作品的整体意义和价值。

1908 年 5 月 23 日

关于杜厄萧韦斯的《意识的组成》

致　道德与政治科学院 [1]

　　我很高兴地向贵院推荐比利时布鲁塞尔大学教授 G. 杜厄萧韦斯（Dwelshauvers）先生的著作《意识的组成》。该书在弄清心理现实与其他现实的不同以及确定精神生活中的特殊性方面卓有贡献。在第一章《大脑活动和意识活动》中，作者告诉我们，心智的运作怎样超出所有的大脑运作的范围，从而使纯粹的一元论显得与严格的身心平行论互不相容。在第二章中，作者指出，意识活动超出了意识本体之外：无意识的部分在精神生活中占有相当大的分量，而且这种无意识要比一般心理学中所设想的复杂得多。实际上，杜厄萧韦斯先生将无意识活动区分为6种不同的形式，并对它们一一加以探讨。后面这些探讨和分析，导致了心智生活的概念的产生；心智生活总是将自己的活动考虑在内。人们的在内的精神生活是"由数量不定的心理流所构成的，那些心理流的力度和质性各不相同。我们对自己活动的

---

　　① 　原载于《道德与政治科学院年鉴》，1908 年，第 170 卷，第 623 页。

感受和感情，就是由上千道这类不停地在我们的体内通过的心理流所维持；在这里，意识的作用是进行选择，以便与客观现实相适应；意识的综合，既受到实践的左右，也决定于它以前的设想与现在的愿望之间的关系，即游移于过去的意识与眼前的目标之间"。因此，意识是具有渗透作用的合成物。

对于这种本质上具有原则性的心理生活，我们可否应用那些通常用于认识外界事物的范畴呢？杜厄萧韦斯先生在此书中辟出整整一章来讨论这一重要问题。在对质量、数量、时间、因果关系和合目的性等项一一加以研究的同时，他还探讨了心理现实可应用这些概念到什么程度。在这方面，他最终仍然坚持如下的看法：对精神的认识不同于对物质的认识，道德科学也有别于物质科学。他写道："精神生活对于逻辑决定论避之唯恐不及，因为后者仅仅采用推理的手段来处置各类现象。"

于是，作者在他的书的最后一部分停留于正面的描述这种内在的精神生活，从而深刻地区分开那些不属于精神生活的东西。意识活动的本质是对各个部分进行综合，同时又在一定的场合下全面呈现各个部分的面貌，而且进行精神上的不断革新和不断创造的活动。如果我们将它理解为自由的创造活动，意识活动的本质便是自由之所在。

以上的简介只能勾画出这本书的一个很不完整的轮廓。这本书无论从整体结构还是从细节安排来说，自始至终体现了作者十分深邃、圆熟的独到之见。在我们看来，杜厄萧韦斯的研究路线可以很好地导向对心理现实的直觉；以此为中介，我们可以更深入、透彻地了解我们的整体生命的状况。

1908 年 6 月 20 日

对哲学术语"现量"和"不可知之物"的讨论

在法国哲学学会会议上的发言^①

关于"现量"^②

（1）为什么要无保留地接受我们意识的最终结果而不考虑其真实性和实在性如何呢？

——因为所有的哲学研究，不管它属于哪个体系，都要从这样的已知结果开始。如果有人要独出己意地（即凭"自由意志"——译者）肯定什么或否定什么，他就是从自己体验过的直感出发。比如，当他思考运动时，他就要从对某种运动物体的直接意识出发，如此等等。因此，总的来说，我只接受所

—————————

① 此讲话原载于《法国哲学学会公报》，1908 年 8 月，第 331—333 和 340—341 页。

② "现量"：原文为 Immediat，直译为"直接的"，这里借用了因明学中的术语，其意亦为感觉器官所获的直接的知识或对外物的直接的反映。

有人都开始接受的看法。一点也不假,大部分哲学家根据这些直接的材料构想出精神领域中的自然或人为的概念,并且发现他们不可能抓住这些概念的内在意蕴,于是就像傅易耶先生(M.Fouillée)一样,从中得出这样的结论:对于"现量"(或:直观的东西)的价值,我们应该有所怀疑。然而,我却尝试说明这些概念都是相对于我们对某些东西,尤其是对物质,所采取的行动而言的:我们不能让它们(至少在它们得到深刻的改造之前)起到它们本不具有的作用。

人们是否将认为,估量这些概念的方法,本身也就是一种哲学理论;这种理论的价值与其他理论毫无二致?我的回答是,"现量"可以独立自主地证明自己不愧为这种概念式的理论。实际上,所有限制"现量"成分的哲学理论,必然都要相互冲突,因为它们各持不同的观点,并且旨在建立不同的范畴,但又不得不一致同意人们对"现量"所产生的看法。当人们各持己见之时,各种哲学理论似乎成了难以解决的矛盾和困难的根源。与此相反,回到"现量"那里,便可以消除矛盾和对立,因为这时已不存在产生冲突的问题。我的意思是说,"现量"具有取消问题以解决对立的能力。"现量"的这种能力,在我看来,是赖以辨识对"现量"的真实直觉的表征。

(2)我们意识的最终结果不一定都是真实的;在我们的理智和大脑的结构条件的限制下,不应该承认这种结果是真实的,因为对于这样一种结构条件的绝对价值，我们任何时候都可以加以质疑。

——这里存在着理智和大脑这两种不同东西的问题。先从理智说起吧。我认为没有人会同意如下的说法：理智可以创造出诸如对运动物体的直感或对自由的直感之类的心灵状态；有关此类的直感在下面即将谈到。理智在这里所起的只有限制、评骘、矫正、分解和重组的作用：从中产生不出任何新质的、任何简单的直觉的东西。因此，如果我们让心灵状态停留于未经理智整饬的、粗放的形式中，它将独行其是而不听命于我们的理智结构。而为我所取的心灵状态正是这样。

于是便存在这样的假设：出现疑问的心灵状态反映了大脑的某种现象，如果是化学成分不同的另一大脑，情况就会两样，等等。但我曾想法证明这个命题的实质是：①与其本身发生矛盾（见我的论文《心理和生理方面不合逻辑的推论》）；②与某些可以理喻的事实有抵触（见《物质与记忆》第二、三章）。这意味着该命题完全属于形而上学的范畴，它的种种根源可以很容易地找到（见《创造的进化》第四章）。事实上，任何时候大脑的作用都在于确保精神因素能完好地渗透到自己周围的实体中去；那是由于它消除了无用的东西。那种东西不能创造出任何良好的心理素质。而只有把我们的直感与我们的大脑结构联系在一起才能赋予我们这种创造力。大脑结构可以说明在某些人那里或在某些情况下不存在直感，却永远地说明不了它们的存在。

人们对于这里的理论问题会不会提出异议呢？或者，会不会提出另外一些理论来对抗这个理论呢？我们暂且还是将所有的理论问题都搁在一边吧。现在只谈原始的经验，它一方面向我们提供意识的直接材料，另一方面还向我们提供少量柔软的物质，该物质与任何孤立的单一状态都没有明显的关系。没有人考虑将这少量物质的各种状态的性质，从属于该物质的化学成分。

（3）剥掉对象之外的所有附加物，从而形成完全赤裸的认识，这看来是不可能之事。主体不可能排除和取消对自己的认识……因此，在对象之中往往挟带着某些来自主体的东西……完全客观的直接材料难以出现的原因就在这里……

——上面那一评语意味着意识无不趋向主观，还意味着即时的材料和依据必定来自个人。然而，《物质与记忆》和《创造的进化》的主要目标之一，则恰好是建立与上相反的体例。在前一本论著中，我们做了这样的说明：倘若我们是在原始状态及其直接的形式下进行感知活动的，那么物质性的东西的客观性在这种感知活动中便具有不可磨灭的意义。在《创造的进化》一书中，作者提出的建设性的意见是：对"现量"的直觉，既抓住了生命的本质，也抓住了物质的本质。有人说认识来自主体，它不利于使直接的材料或论据客观化。我认为，这种说法先验地否定了存在两种十分不同的认识的可能性：一种是通过概念推导的、静止的认识，其中认识的主体与被认识的客体实际上处于分立的状态；另一种是通过对"现量"直觉的、动态的认识，其中认识这一行为与实在事物的产生行为是浑然一体的。

关于"不可知之物"

A．傅易耶："不可知之物"是指那些完全实在的东西，它被人设想为不可能通过任何的认识模式来描述，不论那些模式是直觉的还是推论的，是直接的还是间接的，是基于良知与经验还是基于推理能力。从这个意义来说，有人对这个概念所作的如下的评骘就包含了它的全部价值：我们既不可能肯定某一"不可知之物"存在的可能性，也不可能确认它的实在性。"当代的形而上学"一点也没有改变这种状况。如果这门学问要将"认识"这个名称保留给"概念的"和"推论的"认知活动，那么它实际上是独断专行地限制了该词语的含义。此外，某种现实通过意识的作用而主宰了我们的心灵，它构成我们所必需的存在，但它不是独自地构成某种存在，而是与我们内外的一切紧密相关，形成疏而不漏的关系网；我们如果将这种现实称作"上帝"，那就是给予绝对之物一种新的含义，这样做可以转移话题，而不是去解决问题。留下的问题往往就是去了解我们是否能够肯定那个现实的存在，或者去想法知道那个现实有无可能完全摆脱掉我们的意识，知觉和推理能力的注意。这个问题在英国进化论者斯宾塞那里没有得到很好的解决，因此它不仅有"历史的"价值，而且其价值与斯宾塞哲学的命运没有什么联系。

H. 柏格森：在我看来，情况正好相反。对于大家来说，从内部抓住对象本质的认识，就是一种绝对的认识，一种关于绝对之物的认识；这种认识既觉察对象，也觉察自己，因为它的觉察行为与它的存在是同一回事。毋庸置疑，它并不是对所有的实在之物的认识；但是，除它之外，便只有相对的认识，以及有限的认识。其中，前一种认识将改变对象的本质；第二种认识即便只是抓住对象的一部分，仍要让这一部分保持原样不变。我估计（而且我要尽我的可能来证明），我们对实在的认识是有限的，但不是相对的；而且那个限度很可能是极其古老的。

为了证明有限的认识必定也是相对的认识，就必须肯定如下的事实：比如说，当人们将我的本质从万物中孤立出来时，他们已然改变了我的本质。然而，《创造的进化》中有一对象却相反地显示：万物都具有与我相同的本质，人们可以通过对自己愈来愈深入、全面的探究来透彻地理解万物。

1908 年 7 月 2 日

感谢美国著名学者对自己的研究

致　威廉·詹姆斯[①]

亲爱的詹姆斯教授：

　　我必须立即将我阅读您的讲稿时所体验到的巨大喜悦告诉您。我从来没有被人这么深刻地探索、理解和揭示过。我还从来没有被人以如此的同情心和对你我的思想彼此之间所产生的"先定和谐"（德国哲学家莱布尼茨的用语——译者）的方式评论过。此外，请允许我告诉您：您不会满足于单纯地分析我的思想；您已经使它改观、变美，但又从来不采取什么办法来歪曲或诋毁它。在我读您评介我的论著的文章时，我想起了那些雕刻大师为一些十分平常的图画所做的美妙的再创造。

　　从您第五讲的内容，还有第七讲的开头来看，就像读到您评介我的那一章的最后几页时一样，我自信已经看到了您的书的主要想法——那种超凡脱俗的想法，它使哲学家们围绕那整

---

　　①　此信见于《两世界杂志》，1933 年 10 月 15 日，R.B.Perry 的一篇文章中，第 813—814 页。

个问题所产生的一切困惑都烟消云散。我希望不久就能读到全书，它具有沟通和联结《心理学原理》与《宗教经验种种》这两部著作的特点，同时它还定义了以实用主义为纲领的哲学，即所谓的"终极哲学"；这种哲学无疑将取代过去的形而上学的教条主义。

我们已决定在 10 月份的头半个月在伦敦居留。现时我们落脚于瑞士萧蒙山（Chaumont）间的一处偏僻的木结构别墅中。我们在这里要逗留到 9 月 8 日或 10 日，然后到意大利去过三个星期，从那里我们将直接奔赴伦敦。假如您打算 8 月中来瑞士住些时候，我希望能在这里与您相会。从我们现在所在的地方哪怕抵达格利昂（Glion）都是十分困难的——两地之间的汽车，火车和缆车的运输势态都很糟糕——不过，如果您不觉得太不方便的话，我们可以约好在日内瓦湖畔的乌奇 – 洛桑相见。斯特朗可能很愿意陪伴您去那里。

这是真的，乘船从特里特 – 格里昂到乌奇需要一小时半，况且我哪敢要求您在这段旅途中耽搁较长的时间呢？但要是碰上好天气，舟行于湖上，您可能还会感到满不错的：我可能在那天下午三四点光景不费多大功夫就到达乌奇，假如您那一方面是乘船在四点半到达那里，我们便有一个半小时可以在"佳美海滨旅馆"的花园里一起商讨些事情。此外，我会注意避免与您进行一场哲学性的"会晤"；这两个月以来，人们已经把您纠缠和劳烦得够厉害了。但是，您对我做了如此令人欣羡的研究，我在您再次离开欧洲前能够与您再会，并且亲自向您道谢，实感十分荣幸。

　　　　　　　　　　1908 年 7 月 23 日，瑞士

关于宗教感情

给 F. 夏尔邦的复信 [①]

　　您好心地坚持要我作答，我只好从命了；不过我自觉完全无法仅根据其外部的表现便来预言宗教感情今后将会变得怎么样。我能够说的只是：宗教感情在我看来并非趋向于消融或化解。只有组合的东西才能被消解。但是，我私心希望宗教感情逐渐丰富多彩起来，掺杂进十分不同的一些因素：从本质上说，它的确是简单而独特的东西，与任何其他的内心激情都没有相似之处。人们不是要说，一种简单的因素固然不会自我分解，但至少会化为乌有，因此宗教感情假如不再与其他对象结合或联系，它就会自然地消亡吗？这种说法忽略了如下一些事实：宗教感情的对象至少有一部分就在这种感情的内部；而且，这种感情更多的是感觉而来的，而不是那么依赖于思维；再者，思

─────────

　　① 《法国信使报》在 1908 年之际公开了关于宗教感情问题的国际讨论和问答，此信后被弗雷得里克·夏尔邦（Frédéric Charpin）所摘录发表

想观念在这里既是宗教感情的结果，也是它的原因。因此，深入探究其思想观念将会愈来愈清楚地阐说这种感情。不过，这样做并不会在它的本质上添加些什么，更不会使其消失。

1908 年

关于精神的本质和精神与大脑活动的关系

在法兰西学院讲演的简报 [①]

　　星期五的讲演涉及精神的本质和思维与大脑活动的关系。讲演者首先研究的理论是：将精神当作心理状态的集合体来看待，并认为每种心理状态都相应于大脑皮层特定区域所出现的某种变化。他说明了这个理论既非通过正常的案例也非通过病理学上的案例来确证的，而且它排除掉种种难以解决的理论困难。经验更倾向于让我们在孤立的某种心理状态中看到一种抽象化的过程，并且在心理生活的本身方面看到一种处于变动状态的不可分的全体；这一全体以不同的缩小度，并在无数的意识层面上无数次地重复出现。精神生活方面的这个概念导致在心理—生理关系中具有十分特殊意义的另一概念的产生，讲演者力图对此予以精确的论证。

　　星期六的讲演是对于贝克莱《西里斯》(Siris) 的研究。面对这一著作以及贝克莱以前的著作，讲演者颇有信心地阐说了

---

　　① 　见于《法兰西学院年刊》，1908—1909 年，第 76 页

《西里斯》中所透露的新柏拉图唯心主义大体上是柏克莱最初的唯心主义的延续，这是很自然的，但并非必要的。他试图借此确定这一最初的唯心主义的含义和影响。

1908—1909 年

关于"地灵"的假想

致 威廉·詹姆斯[①]

亲爱的威廉·詹姆斯：

回国后十分繁忙，因此尚且未能阅读您在伦敦与我谈起的费希纳《Zend-Avesta》；只要我稍有一点空余时间，就一定会去研读它。不过，我最近在阅读您发表在《希伯特杂志》（HibbertJ.）上的佳作时预感到了一种新的兴趣。关于"地灵"（earthsoul）这一假想对于多数人来说可能会显得独断专行，实际上它可以更贴近地掌握种种事实，因为它只将对于产生我们意料中的结果来说是必需的东西，置于原因之中。真正的独断专行是将这些结果直接引入某种无穷尽的原因之中，在这种原因与上述的结果之间既没有共同的衡量尺度，也没有任何接触或交汇之处。在您的文章中，您已经令人信服地指出了这点；当我阅读费希纳那一著作之时，由于您在其中放进一首魅力有

---

① 发表于《两世界杂志》，1933 年 10 月 15 日，见其中的 R.B.Perry 的文章，第 816—817 页。

如此之大的诗，我真有点担心我会产生一种受骗的感觉。您的概念作为人与上帝之间的中介，在我看来将成为哲学中越来越具影响力的概念之一。

1909 年 1 月 21 日，蒙莫朗西别墅

推荐埃米尔·梅尔森的《同一性和实在性》

致　道德与政治科学院 ①

我有幸以《同一性和实在性》一书的作者埃米尔·梅尔森（É.Meyerson）先生的名义向贵院推荐此书。该书在一点也不牺牲实在性的前提下，尽一切努力论列和辨析实证科学和我们一般的认识论的原理。在人类认识论这一课题方面存在的主要问题是，弄清人类认识机制中有哪些内在的关联，哪些主要的认识论原理可以应用于经验所提供的材料上，还有，这些原理的根源何在，我们的认识方式与认识内容（物）之间的关系如何，等等。一般来说，哲学家都是在共有的智力、对外物的通常的知觉，我们一般的概念和推理的基础上进行自己的分析与综合的双重工作。梅尔森先生想以下列的一些行动取代对上述运作的研究：在人的意识中不断地（尽管采取比较隐晦的方式）做好分析与综合的工作，并将这一工作的成果投射于实证科学的层面，从而在反思意识中呈现纯净、清晰和突出的印象。据梅

---

① 原载于《道德与政治科学院年鉴》，1909年，第171卷，第664页。

尔森先生的见解，科学理论（尤其是物理学理论）的发展史，可以以对思维本身的直接研究所达不到的清晰度和精确性向我们显示：对事物的认识可遵循哪些原理，这些原理对于事物的影响程度会有多大；也可以说，实在性就包含着差不多全部的可知性，然而，它（实在性）对于我们大脑的思维习惯来说又有一种抗拒作用。这就是作为梅尔森先生的出发点的假想，它将随着有关理论的发展过程而被作者所引发的那些结果所证实。通过深入分析应用物理学的理论及其既往史，梅尔森先生告诉我们：多数理论毫无人为的迹象，甚至也没有偶然的因素，它们朝着特定的方向发展，并且顺从着经验后来才认可的某些人类精神的前提条件。因此，在我们的认识之中似乎便有一些先验的成分；而且，根据同样的理由，在事物与我们的精神之间便存在部分的一致性。我们认识的这一方面，也是实在性的这一方面，都表现了守恒的原理（惯性原理，物质不灭定律，能量守恒定律），通常还更多地表现为科学的因果律，作者认为这种因果律来自于同一性这一原则。但是，如果这些守恒的原理表达了精神的某种基本的要求，而且在这种要求的基础上，某些方面在某种程度上便产生了实在性，那么这种实在性便代表一种直到上个世纪的科学才开始予以考虑的反趋势：就是这种反趋势形成了卡尔诺原理。① 这一定律在科学中综合了对实在的时间的考虑，而前面那一类守恒的原理则意味着取消时间。卡尔诺定律是事实的一种真理，并通过经验将这一真理施加于精神上，看来极好地表达了某种基本的东西；而其他定律或原理只是在经验与精神之间寻求某种一致的关系，或者至少是寻求一种临时的解决办法。因此，我们或许可以根据这点将梅尔森先生的看法归纳如下：认识的直接原则既不完全是先验的，也不完全是经验的；经验与我们精神的要求之间的关系既不完全是一致的，也不完全是对立的；哲学家在这里的任务是促使这些不同因素相互配合，而不是拆东墙补西墙；正是通过对物质或素材的科学理论的分析，我们才能精确地处理好上述各种因素的配比关系。

梅尔森先生这部体大思精的、所提出的论据每每生动有力的著作，除了上述的东西之外，还有其他丰富的内容；它具有既深又广的科学的渊博特点。我们在这里只能限于抽取其中的一些观点来谈。最后，我们希望能从科学哲学和普通哲学的双重观点出发来突出它的重要性。

1909 年 1 月 23 日

---

① 卡尔诺（S.Carnot）：19世纪法国物理学家，发现著名的热动力学第二定律，首先列出热功转换的方程式，也称"卡尔诺原理"。

神秘主义的历史和心理机制

致　道德与政治科学院 [①]

　　我很荣幸地以卡昂（Caen—法国北方小城）文学院教授亨利·德拉克洛瓦（H.Delacroix）先生的名义向贵院介绍他的著作《关于神秘主义的历史和心理机制的研究》。德拉克洛瓦先生在该著作中突出地研究了三大神秘主义者：圣者特勒丝（Thérése，1512—1582，西班牙加尔默罗会修女），居庸夫人（Mme.Guyon，1648—1717，法国宗教徒）和苏叟（Suso，1295—1366，瑞士坚信会神学家），深入探讨了他们对灵魂的精细分析以及他们自身思想的演化过程。可贵的地方在于作者除了进行有关文本的历史研究之外，还从中引出了对一般神秘主义的心理学研究，在某种程度上甚至达到哲学研究的水准。实际上，德拉克洛瓦先生认为，必须对第二流的神秘主义者做进一步的区分和鉴别，他们无非是"模仿的神秘主义者""发现了崭新的某种生活方式的、神秘主义的大发明家或大创造者"，或

---

　　① 原载于《道德与政治科学院年鉴》，1909年，第171卷，第670页。

者是这样一些人，他们"尽管自己还有一些软弱的地方，但还是加入人间伟大的简化者（simplicateurs）的行列，向人性最高峰挺进"。人们可能要从这里寻求神秘主义的内涵。然而，德拉克洛瓦先生努力排除神秘主义的这种内涵。

首先，如果一些著名的神秘主义者出现某些性质不同的肤浅或浮夸的弊病，这些弊病又与他们生存过的时间、地点和环境有连带的关系，那么在他们那里便存在着不能用模仿说解释的基本的深刻的相似之处。神秘主义于是便像某些生灵朝着某个方向的一种运动：这种运动可以推向远近各处，其地位也可以或详或略地标示出来，但是它的方向如同运动本身的总体情况一样，却是保持不变的。例如，在评述圣者特勒丝的神秘主义的进程时，德拉克洛瓦就分清了三大时期；他在居庸夫人的神秘主义中又找到与此类似的发展态势。

现在该涉及这一运动所经常引入并加以界说的一个术语了，它就是一种连续不断的知性的直觉，创造的自发性似乎就是从中涌现出来的："神秘主义常常显示出与贯注和流溢于宇宙之间的绝对精神完全一致……"它或许会从个别心灵的深思冥会中迸发出来，然而它不是与其宗教教义无关的东西。正是基督教的观念和形象成了出现于基督教徒不可磨灭的直觉中的神秘主义。而祷告空有意愿性，它常常关闭了某种仁爱的感情之门。

最后，在基督教的一些杰出的神秘主义者那里，沉思冥想并不就扼杀了他们的行动。相反的，直觉给予他们参与基督徒生活，并为此而奋发、行动和斗争的勇气，同时也把他们带往基督主义的上帝那里去。

以上就是从德拉克洛瓦先生的这本书中所抽取的一些最一般的观念，它们在全书的描述中要显得倍为生动多彩。该书的指导思想和论证方法以及所取得的引人注目的重要成果，将有可能成为对神秘主义的心理机制的其他研究工作的出发点和榜样。

1909 年 1 月 30 日

答谢《柏格森的哲学》一文

致　威廉·詹姆斯[①]

亲爱的威廉·詹姆斯：

我在匆促中给您写这一短笺，仅仅为了向您表示我读到您发表于《希伯特杂志》上的那篇文章之后巨大的喜悦之情，该著作刚刚抵达我的手中[②]。虽然我早已从我们的通信中得知此事，但重新读到您对我的著作中的主导思想所做的十分杰出的表述，我还是要感到万分地欣快。当时我所思考的东西，您在那篇文章中都概括到了，而且概括得非常好；我是多么愿意早先也以这种方式来表述啊！而且，由于得到您所倾注的原创性思维的支持，我那思想真是从中获益不浅！

请允许我再次向您表示感谢。

1909 年 4 月 9 日

---

① 见于《两世界杂志》，1933 年 10 月 15 日上 R.B.Perry 的文章，第 817—818 页。

② 该文题为《柏格森的哲学》，见于 *Hibbert Journal*，1909 年。

关于《多元的宇宙》一书

致　威廉·詹姆斯 [①]

亲爱的威廉·詹姆斯：

　　我一直焦急地等着您的新著作的到来，[②] 现在终于收到了您寄来的这本，请允许我在这里对您表示诚挚的谢意。这本书令人钦羡不已；如果不是过于谦虚地将费希纳 [③] 和柏格森的名字放在前面的话，它可以说是无瑕可摘的。实际上，这本书从头到尾都是威廉·詹姆斯的，我们接触到的只有詹姆斯的语言、思维和灵魂。这本书谈到许多事物，然而它所暗示的要比它已经说出来的东西还多。它定义并确认了多元论，它让我们亲自接触到存在物之间的具体关系，它旗帜鲜明地铲除了"激进的经

[①]　见于《两世界杂志》，1933 年 10 月 15 日上 R.B.Perry 的文章，第 817—818 页。

[②]　指威廉·詹姆斯的《多元的宇宙》这一著作。

[③]　费希纳（G.T.Fechner, 1801—1887）：德国物理学家，唯心主义哲学家，心理物理学创始人之一。著有《死后生活手册》（1836）、《美学入门》（1876）等。

验主义"的基础：书中是这么说的。不过，它的个别暗示超出了所有的这一切来自现实之中的某种令人欣慰的热情。在该书的结尾部分，您谈到那些挽救的经验，它们曾经成为某些精神界人士的特权：或者是我大错特错了，或者是您的这本书与《宗教经验种种》那一著作合流，也概括了这种经验，认为它们只产生于对此没有任何先入之见的人那里，或者只有处于产生的状态才能得到发展……

在您的书中还有其他许多地方促使我深思。这方面以后还有机会与您商讨。这次我仅限于告诉您我对此书的印象。等我有些余暇，我会连贯地重读您的后面三卷。那时我的印象可能就会变得更加清晰具体了。不过，它不可能再深刻了。

亲爱的威廉·詹姆斯，请相信我对您无限的钦羡和挚爱之情。

1909 年 4 月 30 日

推荐乔治·波恩的《智力的诞生》

致 道德与政治科学院 [①]

我荣幸地代表乔治·波恩（G.Bohn）博士先生向贵院介绍他的著作《智力的诞生》。该书引人注目地尝试对低等有机体的运动和反应做出毫无成见的研究和解释，而且尽可能贴近生物界事实的大体情况。比较心理学长期以来滥用拟人化的解释方法，即：它认为越是低级的动物有机体，在意识和意愿上便越是接近于人类。仅仅在最近几年人们才开始对诸如蚯蚓、海胆或纤毛虫之类动物的行为进行客观的研究。然而，在研究者那里出现了两种相反的倾向。其中的一种倾向可举约克（Yerkes）和詹宁（Jennings）为例，他们对这类有机体的活动和反应进行了一系列的试验，结果发现这些有机体具有某种内在（精神）活动的一些迹象。另外一种倾向的代表们不否定这种内部的活动，甚至更精确地界说了这种活动，但他们认为这种活动可以完全归因于生物的"向性"（tropismes，亦可译为"反射"），

---

① 原载于《道德与政治科学院年鉴》，1909年，第172卷，第144页。

也就是说由于诸如泥土、光线或化学物质等外部原因而产生的不可抗拒的吸引作用。后一种倾向的开创者是雅克·罗布（J.Loeb），而波恩先生选择的便是这条路子。对海葵、海胆和真蛇尾以及对其他各种软体动物、昆虫和甲壳动物的原发性研究，促使波恩先生探讨出有关这些有机体运动的真正法则。在头一个系列研究中，其结果具有与外部环境（光线、重力等）所产生的主要作用力相一致的趋向。然而，我们还要考虑到作者所谓的"抗变异的斗争"，即：可使有机体避免因受外界环境的作用而变异或分化的一些简单运动。这种"有差别的敏感性"可以产生非常奇特的效果，波恩先生曾经在光线的作用方面比较专门地研究过这种效果。此外，无论是在第一种情况下，还是在第二种情况下，动物都没有真正地证明自己具有意愿，而是只有这样的不同：其中某一类动物的原动性完全由外部环境的作用力所支配，而环境的力量对于另一类动物来说，只起到启动的作用。最后，随着人们在动物系列中进化程度的不断提高，愈来愈有必要既考虑到"各种官感的联合"，又考虑到这类复杂的"联觉"的逐步简化问题；波恩先生在这部著作中就已确定了简化的法则。

以上总的来说就是波恩先生所要求予以解释的该书的基本组成部分；我们既不可能详细地描述他的原创性经验所带来的深广的应用领域，也不可能概括该书所验证的许多理论设想。

作者绝不考虑动物的本能的存在，这点我们不敢苟同；但是，我们至少完全同意他把智力看作为脊椎动物的固有的特性。从总体情况来看，该书对低等生物有机体的比较心理学做出了宝贵的贡献，因为它在这一领域中显著地引进了其他实验科学的精密性和权威性。

1909 年 5 月 1 日

关于博埃克斯－博雷尔的《多元论》

致 道德与政治科学院 [①]

我很荣幸地代表 J.H. 博埃克斯－博雷尔（Boex-Borel）先生〔他是 J.H. 洛斯尼（Rosny）的哥哥〕向贵院介绍他的著作《多元论；关于现象的不连续性和异质性》。这部十分引人注目的著作涉及一元论、二元论和一般的方法等哲学方面的所有基本问题。当然，仅从全书的总纲和详论的部分来看，博埃克斯－博雷尔先生似乎比较集中地考虑了斯宾塞的进化论思想。他不可能另外选择一个比这种思想更优越的操作基础，因为关于宇宙的一元论观念还没有深入推进到根深蒂固的实在（réalité）中来。不过,斯宾塞思想也只能充当操作基础。通过这个思想体系，作者力求获取一般思想体系的核心精神。

人们究竟是要让我们目击从同质到异质的渐变过程，还是要让我们瞥见从异质到同质的最终目标？他们究竟是要通过想象力来理想地重建复杂于简单，还是要重建简单于复杂？在所

---

① 原载于《道德与政治科学院年鉴》，1909 年第 172 卷，第 517 页。

有的这些情况中，我们都会碰到"不可能"这样的一种结果。在无机物世界中，单一化的趋势会与微分化的趋势同样明显。而且，既然生命长期都朝着某种不断增长的复杂化的目标进化，它未来也只能沿着同一方向继续发展下去。"个体有的进化，有的退化；种类有的进化，有的退化；纲目有的进化，有的退化；动、植物界有什么理由不按这种规则发展呢？"因此，如果有人试图清理出一种恒常不变的异质性趋势，必定会徒劳无功。不过，也不是更有可能存在不断增长的同质性趋势。卡尔诺原理[①]明确地告诉我们：当一个系统受到破坏时，要重建它，不可能没有损失，也不可能不从周围环境中借取某种东西；不过，我们也不应该从这一原理推导出这样一种连续的进程：它先从趋于同质的全部实在开始，最后达到普遍的平均化。简括而言，同质是稳定的，而异质则是不可化约或缩减的；也就是说，异质既不可能从同质中产生，也不可能回到同质那里去。

博埃克斯－博雷尔先生从对事物的思考中得出上述的这一结论。他还通过科学的解释和随后的分析来证实它："似乎是从简单中引出的复杂，我们还要将它重新放回到简单中去，因为我们或者是从外部世界中借取到这种复杂，或者发现它早已在自己的头脑中酝酿着。因此，为了产生或再现复杂，我们就必须将复杂引入或重新引入外部世界或自己的头脑之中。"

①　参见第 129 页注①。

以上就是该书第一部分所包含的观点的简介。我们不可能详尽地了解博埃克斯－博雷尔先生就连续性与非连续性、质与量、空间、阻力、时间等范畴所提出的创见。书中有关的一切分析，目的都在于通过一些类似的系统得出相应的种种自然法则，而自然界本身则呈现出无限的多样性，既不可能加以统一，也不可能相加在一起。整个自然界并不存在不可知的绝对性，也不存在我们可以取得或想象出来的整体知识。所有的这类整体性都只是精神上的幻想，它产生于我们将已知的事物划归于数目一级一级变少的纲、目、科、类之中，于是人们最后就可以将全部事物或者归入某个独一无二的概念，或者归入彼此呼应的两个概念之中。因此，一元论和二元论并非就是两种"到此为止的门路"。在这两种方法论中，第一种的优点在于具有"寻求相似性的驱动力"，第二种则可以"在意识问题上保持自己的全部价值，而热衷于一元论的人虽然并不打算完全取消意识问题，但他们倾向于在这个问题上采取过于简单的解决办法"。然而，真理在多元论这一边，只有在多元论那里，我们才能取得超越表面上一致性的鼓舞力量，正是表面上的一致性促使某些学者隔段时间便用一些呆板、生硬的理论来澄清复杂的客观事实。

作者以他透辟的批判眼光和丰富的科学知识对以上种种有兴味的论题做了剖析和阐说，我们不可能在这里都一一地加以讨论。我们还要说明的只是：博埃克斯－博雷尔先生所发现的事物的无限多样性，在我们看来并不绝对排斥其中的连续性。只是，现实的统一性是极其灵活的、实际上处于变动中的统一性，固然我们借此可以进行相互良好的交流活动，但要取得知识系统的一致性都是不可能的，尽管我们的意图并非要把我们的知识完全局限于条条框框之中。

1909 年 6 月 21 日

直觉与推论的关系

有关哲学术语"直觉"的讨论 [①]

布朗德尔（Blandel）先生：笛卡尔在他的方法论的第四条规则上给我们规定了计数和练习，据说这样做，首先从连续的和推论的观点来看，可以使我们的思维愈来愈敏捷。不过，他的这种说法只是出自学者的和数量的观点。如果从质量的标准来衡量，"认识者"的真正能力恐怕无不例外地都来自长期、艰苦的劳动中所取得的直觉。直觉并非先于推理的和分析性的思维，因此也可以说，直觉往往并不排除后面两种思维；直觉一般跟随在逻辑思维之后，并且补充逻辑思维的不足。

柏格森先生同意这种说法。他的发言大意上说：直觉这个词语从它所要表达的含义来说，大概是指精神方面的某种原则性的运作，它不可能被还原为分散零碎的表面知识；我们的理智则往往通过后面这种知识，采用通常的用语，从外面一一审

---

① 讨论会在 1909 年 7 月 1 日举行。上述发言记录载于《法国哲学学会公报》，1909 年，第 274 页。

视个别的事物；然而，我们不应该错误地认为，采取直觉这种把握现实的方式在我们实际的思维状态中就会显得不很自然；因此，为了取得直觉，更经常的情况是，我们必须通过长时间认真地分析来为直觉做好准备，我们还要熟悉所有与我们的研究对象有关的文献记载。当我们的研究工作涉及总体性的、繁复的实在之物，如生命、本能、进化等的时候，上述的准备活动便显得尤为必要：对于事实的科学、精密的认识，是形而上学的直觉的先决条件，而直觉则进一步领悟事物的原理和本质。

1909 年 7 月 1 日

关于实在（现实）与真实的区别

致　威廉·詹姆斯[1]

我亲爱的詹姆斯：

　　对于您的这部像以前几部一样有趣、并且具有同样的风格魅力的新书，我不能不立即向您表示感谢；我明白，您写这部书的目的无疑地在于进一步阐明老是被大家所曲解的您的论点。我已经分开阅读过这一研究成果的大部分——除了其中的第一篇，它从实用主义产生的观点，或从在您的心理学和哲学之间架起联系的桥梁来说，都具有十分重要的意义[2]。不过这些文章总的来说给予我这样的印象：它们相互支持，共同构成了抗击对手的枪弹。尤其是在实在（现实）与真实之间的截然差别，似乎与此书的整体思想有所背离；其结果是，对于实用主义者来说，他有可能甚至有必要同时是现实主义者。如果有人发现

---

　　① 此信原载于《两世界杂志》，1933 年 10 月 15 日，见其中的 R.B.Perry 的文章，第 818—819 页

　　② 此书的第一篇论文题为：《认识的作用》。柏格森特别重视这篇论文，所以不是"分开阅读"而是集中地阅读它。

要费牛劲才能理解这点，那也不值得惊讶：我们一切的精神习惯都按相反的意义发展，而且，我们所有的语言习惯同样如此，这很可能是因为在同一个软弱的精神至上主义者那里，精神习惯与语言习惯早已交融在一起了。一旦我们想到某个实物的世界，我们就不由自主地考虑到成双成对的实物（或观念）紧密地抟合在一起，形成永久的“倾向性联姻”，并由此而产生了真实——从而使实在（现实）与真实似乎成为同一级别（即可以“联姻”——译者）的词语。要完全消除这种幻象需要很长的时间。由于人们先验地设想（我不知其原因何在）实用主义必然是简单的东西，并且一定能够将自身的道理归结为一个公式，因此消除这种误会便需要更长的时间。我个人则从相反的角度不断强调：实用主义是哲学上已经出现的一些十分深邃、十分精致的理论体系之一〔具体地说，这一理论体系的出色之处就在于它将真实（真理）重新纳入经验的流程之中〕；而且，人们在谈论这一哲学流派时，如果事先没有全面、系统地读过您的著作，肯定要误入歧途。

1909 年 10 月 28 日，蒙莫朗西别墅

在精神生活中的无意识现象

讨论乔治·杜厄萧韦斯的著作 [①]

柏格森先生：首先我要感谢我的同事和朋友杜厄萧韦斯（G.Dwelshauvers）先生对他的佳著《意识的组成》中个别章节所作的十分吸引人的概说，其中有些还是对该书主题的全面展示。这一概说的目的或者至少可以说它的效果，在我看来都在于确定无意识这个概念；无意识论是目前流行的两种极端理论的中介：我把其中的一种称作实在论，另一种称作唯名论。实际上还有一种纯粹的形而上学的方法可以呈现无意识现象，那就是：把它当作一个实体来证实，这一实体可能是与某种意识相应的、合适的基质，或者是所有意识的共同基质，甚至也可能是无所不包的整个现实（实在）独一无二的基质。关于无意识现象还存在一种唯名论的观点；假如我没有弄错的话，它就是那些提倡无意识学说的心理学家的观点，他们自始至终

---

① 这是法国哲学学会 1909 年 11 月 25 日讨论会的记录摘要，载于学会公报 1910 年 1 月，第 31—41 页。

都与那些我们说不清是心理还是生理的现象打交道。因此，无意识不再仅仅是为了某些难于解释的事实范畴而设的一个方便的术语。

就像有人刚刚说明的那样，在两个极端的视角之间，还有可容纳我们称之为"概念论"这个论题的余地；当然，我们不要因为这个论题的措辞而产生只进行概念的运作而不注意经验或直觉的那一理论流派的设想。杜厄萧韦斯先生所界说的无意识，与其说是一件事物，不如说是一个词语：这是一种概念，事物就在这种概念的笼罩之下编整就绪，根据某些本质上的相似，先验地构成了一个种类。

为了确定"无意识"这一类的现象，杜厄萧韦斯先生根据其中的不同种属与从确切意义上说的心理学事实，如表现形态、感动程度和行动方式等不同的概念群，所构成的关系，将有关的现象——定位——目的在于让无意识成为意识的分支，分别处于与意识区域相应的区域之中。这些我在阅读杜厄萧韦斯先生该著作时就已经有了印象，刚才听了他的介绍，印象就更深了；可以看得出，由可意识的心理学事实所构成的众所皆知的概念群，就像光谱上的不同色调，一个接着一个地排列着；意识可比白色的光线，它可分解成不同的色条，不同种属的意识状态便相当于这些不同的色条。于是，就像物理学家将光谱上不可见的光线与可见的光线——对应起来一样，杜厄萧韦斯先生也向我们指出每种形式的无意识所处的与相关的意识对应的位置。就像物理学家所研究的"紫外线"一样，哲学家首先碰到的一个难题就是"超意识"，它超出了纯心理学的范畴：这是指被列入第一概念群中的那些事实，也就是从对思维行为的心理学分析中得到的那些东西。于是就出现了我们可以将之置于心理学之内的种种事实，它们不再像过去那样被置于心理学之外：第六概念群中的事实就是如此，它们通过感人的状态而转化为意识，我们不妨将之比拟于物理学家的红外线。现在，在"红外线"与"紫外线"之间，存在着光谱的全部色调。而在下意识与超意识之间则存在着全部的各类意识。在每种意识的下面，而不再是在互相重叠的系列意识的两头，便有可能遮盖着一种无意识，这就像人们大概都会说的那样：光谱上的种种颜色遮盖了黑色。下意识即由此而来。下意识、超意识和潜意识等，就是我根据杜厄萧韦斯先生的描述而提出的各种无意识的品类。

我不认为我们可以把这些品类描述得比他更精确（固然他也没有做到这点），或者把精神生活中这一隐蔽的角落阐说得更加清楚一些。我丝毫也不反对介绍这部著作。我只要求杜厄萧韦斯先生乐意在我认为尚不全面的地方重加分析，在完成这样的分析的同时，进一步梳理一下他的著作中的想法。

无意识的问题所提出的全部讨论重点，在我看来，是围绕于可否将"无意识"一词看作消极性的用语或贬词这个中心的难题上。无意识一词的本义只是没有意识到的，可以包括所有未进入意识层面的东西。然而此词的延伸的意义却是无限的。或许，我们必须把实在的与可能的全体事物，都置于"无意识"的名下；也就是说它包括有意识的活动所进行的抽象工作，这种有意识的活动在我们看来处处都点缀着实在的东西。但是，无意识如果因此在法则上成为纯然消极的某种东西，那么可以说，当心理学家谈起它时，事实上都采取积极的态度来确定这种无意识。他们不再思考没有意识到的全体事物，而是只推敲引起"心理生活"注意的那一部分未被意识的东西。

要达到这个目的，只需要放松对"心理生活"的局限就可以了。请注意，当我们把心理活动与意识很单纯地融合为一时，上述的"放松"或"解禁"的要求便已完全达到。我们的古典心理学过去就是这样进行的：它的思想出发点是，心理学的事实，从它的本义上说，就是一种意识状态。但对于引入"无意识"现象的心理学来说，有绝对的必要去定义或少去解禁那种心理活动。

否则，人们就会质问您为什么将您对无意识的表现形式的阐说停留在现有的水平，而不是将它深入下去。但愿您刚才给我们所谈的都属于无意识这个范畴，即：请您证明那是属于心理学的。我殷切地希望您所谈的，从严格的意义上说，是属于心理学的，即：请您证明心理生活并没有延伸到更远的地方去（其意为：不超出当时心理学的研究范围——译者），还要请您证明您的阐说是完整的，而且，心理上的无意识迄今还没有采取其他的表现形式。

比如说，您已经向我们说明：我们的记忆仍作为无意识的心理事实而停留在我们的心中。在这点上我完全同意您的意见。如果记忆可以久存，而且像我所设想的那样，人们可以证明记忆不可能是贮放于大脑之物，它们的存在方式是属于精神范畴的，因此，当我们不去考虑它们时，它们便形成了无意识的精神状态。于是，围绕实际回忆起来的对于过去的有意识的记忆，我像您一样，发现还存在一个潜在的记忆区。

然而，我认为，当我们深入探讨知觉的、而不再是记忆的机制时，我们还会发现大脑的机制只能够与一部分心理现象相适应——我认为，对一些事实的精心研究已经导致这样的结论：大脑通过传入神经接收到感觉器官传来的某些可能的行为的信息，然后再通过输出神经将所要执行或发动的某种行为的指令传达给运动器官；但大脑总的来说满足于在许多可能的行动中选择并酝酿某种实在的行动：由于这一切只是与行动有关，然而还有反映（repré sentation）这一作用，因此必须承认反映不是由大脑现象所创造的；反映只是由大脑所引起或发动的，因此大脑的作用限于不断地将在无意识中对万物的知觉的某些部分呈现于意识之中。我们是接受还是否定这个论点，此时并不重要：这种看法有它的现实合理性，如果您不开始解除对精神领域的局限，如果您并不告诉我们这个领域终止于特定的某些地方，我们就有充分的理由将无意识这一新形式——无意识中感知物质的全体性——归属于您刚才所阐说的那些品类之中。

简而言之，我想知道，您是否掌握了怎样区分心理事实与非心理事实的标准？如果您不能够告诉我们精神现象始于何处和终于何处，我们便总是有理由认为：被您称为"无意识"的某某事实，并不属于精神现象，而被您忽略而置于精神现象之外的其他事实，反过来倒是应算为无意识的现象。

杜厄萧韦斯先生：我感谢柏格森先生就无意识的界说所提供的个人见解。——为了对此做出回答，我首先要根据我的看法指出：无意识既不是精神生活的一种能力，也不是它的一种作用，而是一个集合名词，概指某些条件交汇而产生的自己不一定知道的意识活动。因此，只有通过对各种意识活动的反思和分析，人们才能弄清不同层次的意识的产生条件。

在将这种分析进行到底时，人们还可能在远离意识生活的事实中发现意识生活的条件；对于意识生活来说，这将更新费希特在他的第一部著作《人的指归》中所作的、可以证明物质内部的全部凝聚力的论说：一粒沙子的微小运动是在物质整体运动的影响下产生的。从这个意义上说，我们有理由将凡是不表现意识行为特征的东西都称作无意识；因此，人们可以把我们不认识的东西都归类到无意识的那一方面去，并且认为它们对自己有种刺激的作用，使我们产生被牵拉时的自身反作用，或者使我们处于心旌摇荡的感受状态，却不知其原因何在，因为它们实际上还没有进入意识的层面，只是这一切终有一天会引起我们的注意，并且变为认识上的反映活动。出于这个缘故，我们不妨说无意识或许意味着全世界可能施加在我们身上的行动。

以上这些并非我赋予无意识一词的含义：我想要说明的只是直接和即刻与精神活动有关的种种条件。现在我再来与您一起探讨实际知觉的例子：就像您所引人注目地证明的那样，这种知觉只有在有力的记忆基础上才能得到充分的发展；一切的思考和分析以及实验活动都说明，如果不承认这点，人们便不能理解知觉的本质。然而，完全从现有对知觉的认识水平来说，我们对于记忆的这种作用还毫无所知；只有在研究知觉的条件时所采用的方法，能够告诉我们记忆存在的事实。这里涉及一种与精神活动直接有关的无意识条件。我认为在相同的情况下还存在着我试图清理的其他种种无意识的品类。

柏格森先生：我依然赞同您的意见；但我在思考我们事实上是怎样做到明辨什么是与精神活动直接有关的条件，什么不是。这里的界限无疑是很难截然划清的；这里我们可能在与一种不包含明确的界限的实在（现实）打交道。不过，我们至少应该有一个对无意识的近似的界说吧？例如，有人就说，无意识原非可意识的，但它可能变为可意识的。在我看来，这里显露出在一般的非意识与心理的非意识之间存在着第一道分界线，心理上的非意识现象才是真正的无意识。再者，我也不认为这样的界说就可以满足我们的要求了；我们还可以想法完善这个界说。……

（其间有多次插话）

柏格森先生：要像巴尔德文（Baldwin）先生那样仅仅将无意识当作一种实质性的或者至少是客观化的心理学理论，我感到还有不少难题有待解决。在无意识之中除了精神的观点之外还存在其他东西。无意识在我看来是一种实在（现实）。不过，我承认我刚才所引用的界说可能并不全面，现在有必要补充一句：应该完善那一界说。

我们应该想到，某种普通的心理状态带有一定的朦胧的情绪和对于匮乏的模糊知觉，不过人们深信这种匮乏可以变得丰富起来，这种朦胧性也可以被消除，不需要重新从外面另加什么东西到这种状态中来。于是，在这种状态中将会不精确地出现某种东西。这种东西不可能是纯粹的"无"，因为，如果什么也没有，那一状态本身已经独立自足，而且不会伴随着任何不安的心理。然而，意识的本质并非如此。人们会不会说，所有存在的东西都在人的意识中呈现出未完成的状态，而且还带有也是出自意识本性的不安的心理呢？不过，我所说的"不安的心理"并非一种纯粹的感受；它甚至可以没有任何一点动情作用。它是人们以愈来愈专注、透彻的目光，从许多已经被确认的意识状态中分析出来的某种东西。于是，所有这些状态都出现在那里，甚至带有内在的不安心理，还因为相互之间的搅混和干扰而产生这种不安的心理。——如果在眼睛与被看的东西之间放进一台显微镜，就会有 1000 倍以上新的细节出现。不过，所有这些细节以前就已出现粗略的总体知觉中，显微镜只是使它们展露出来而已。同样的，我认为可以将所有能够出现于意识状态中的东西都称为无意识，因为在这两者之间也有一个放大的工具在起作用，这个工具就是我们所谓的注意力。当然，这里我们假设了注意力的内涵得到大大地扩展，可以算是一种放大并加强的注意力；我们之中的任何人都绝无可能占有这种注意力的全体，尽管他可以不断地从中获益。

　　巴尔德文先生：柏格森先生有根有据地发言令人感佩不已。在意识与无意识之间，可能存在着程度的差别：威廉·詹姆斯先生对于环绕于我们每个人的意识状态四周的微意识的"法兰圈"曾经做过界说。我的同事提臣纳（Titchener）教授对于我们每人的意识状态呈现为上升与下降两种倾向的会聚的原因做了实验性的考察。在最高的会聚点上，我们可以见到最大限度的意识；在每个不同倾向的"斜坡"中，意识的程度便逐渐减弱，但这不是连续的缩减，而是连续的下降，其间形成了一些阶梯：下降一次，就形成了一级阶梯；接着再下降，再形成另外一级阶梯；总共约形成四五级阶梯，然后突然掉进无意识之中。不过，柏格森先生对于微意识的这两种倾向的思考更是完全正确的。正是在注意力的作用下才会出现或强或弱的意识。但在突然掉进纯粹的无意识领域之后，这一解释就不再生效。

柏格森先生：伴随着注意力程度的减退，的确会出现意识程度的递减的事实。假如有人在这两方面都出现逐渐减退的现象，他最终就会进入非意识状态，那可以有力地说明他与心理方面的问题无关。在这点上，我与巴尔德文先生的看法可能是一致的。然而，既不是通过意识的，也不是通过注意力的逐步减弱，人们才获得我所描述的那种无意识；那种无意识意味着在某种程度上缺乏实际意识到的心理状态，不过这种"缺乏"具有某种值得肯定的性质，它不是那种简单的虚无，因为我们可以感觉到它的刺激性；而且，如果被我称为无意识的这部分变成了意识，我们心理状态中的"物质"（我指的是心理状态中的积极内容）也不会再增加点什么。

如果有人不愿意考虑这种类型的心理状态，那么他必定坚持这样的看法：除了正常的意识状态之外，便只有纯粹的生理状态。然而这种观点在我看来已经是站不住脚的了，因为人们知道，所有关系到催眠现象、人格的两重性等事实，都包含有肯定的（我的意思是说"可以察觉的"）无意识现象。宾内（Binet）先生刚才将无意识现象区分为"静态的"和"动态的"两类。就算有人否定第一类现象，或者换句话说，假如他将静态的无意识现象与纯粹的生理现象同一起来，他又怎能否定第二类现象呢？不论情况如何，这种现象都在进行着，好像在判断、推理、感觉、向望一样；人们难以想象会有一种纯粹的生理过程可以约略地摹拟类似的运作。

达尔卢（Darlu）先生：我看不出有什么理由可以把催眠状态中出现的精神状态称做无意识。那些状态好像可以称得上是完完全全的意识，因为它们重现于记忆之中，而且倾向于聚合在具有第二类反应条件的自我的周围。必须分清一般的意识与自己的意识；我认为这一区分在大部分的语言中都被语言本身所隐藏。我以此请教比我更深入地研究此类事实的宾内先生，对于在催眠状态中显示主体思想、醒来便失去其记忆的精神现象来说，我们没有任何理由可以认为在睡眠中不存在意识（应该承认我们可以意识到自己的梦，尽管醒来时会忘掉梦中的一部分内容）。至于自我双重性的存在，不就是提供了精神状态的意识特征吗？实际情况表明，种种的自我双重性的表现构成了第二个性或第二自我，它酷肖第一自我，但又置之不顾。

柏格森先生：不过，被称作反常的第二个性，常常倒是真正的个性，而被称作正常的个性只不过是前者的缩小。我们可以将它们称为 A 与 B。如果说 A 不具有拥抱 B 的全部内容的力量，B 则相反，当它意识到自己时，它便认识了全部的 A。因此，我们不存在并立的两种鲜明的个性。我们只有独一无二的一种个性。不过，这一个性在将自己的一部分委弃于无意识之中时，它能将自己缩小起来。……

1909 年 11 月 25 日

战争的非必然性和反常的思维

致 威廉·詹姆斯 [1]

亲爱的詹姆斯：

我希望您已接受布特鲁斯（Boutroux）代表巴黎大学给您的邀请，我们不久将在巴黎见到您。假如符合我的向望，您要在今春或今夏来法，务必让我知道您的到达日期；至少给个大约的，不知可否？届时我绝对守候在巴黎。

我还没有告诉您我读了您以下的两篇文章后的欣悦之情：《战争的道德等价物》和《关于神秘主义的一个建议》。第一篇文章无疑在以最优美的笔触和最有说服力的语言论说战争的非必然性和促使战争消失、避免人间能量无谓地耗损的条件。至于您就神秘主义而发的那篇文章，我敢肯定将成为许多学术考察活动和新的研究工作的出发点。我说不准自己是否曾有过完全暴露（uncovering）的感受，也许在下面的事实中有过这种东

---

① 最初发表于《两世界杂志》，1933年10月15日，见其中 R.B.Perry 的文章，第819—820页。

西，那就是有几次在做梦时发生在自己身上的怪事（当然，那是十分罕有的）。当时，我以为自己正面对一处迷人的景观，一般来说那是色彩浓郁的自然风光；我以最快的速度穿过那片地域，它给予我那么深刻的实在的印象，以至于在我醒来的最初一段时间里，我不能相信这只是一场梦幻。然而，就在这梦境似乎还在持续的极短时间（最多两三秒钟）里，我每次都有一种正在进行冒险活动的单纯感受；这种活动是否要延长和要不要知道下文如何，似乎都决定于我，但我如果没有把这一切的次序安排好，以使自己醒来，我的身体里头就有什么东西愈来愈厉害地伸展，绷紧和膨胀起来，终于猛地一下警醒过来。在清醒之后，我总是一面为这个梦怎么自动地中断而遗憾，一面清楚地感觉出来是我自己要中断它。我之所以告诉您这个经验，是因为它有如下的意义：它向我们显示，意识领域会有瞬间的延伸的现象，不过这种延伸是由紧张的努力所致。

我多么希望您能继续进行"反常思维状态的思考价值"这样的研究！您的文章，加上您在《宗教经验种种》中所说的东西，为我们开辟了这个研究方向的广阔前景。

1910 年 3 月 31 日，蒙莫朗西别墅

简介多里亚克的《诗人音乐家瓦格纳：音乐心理学的研究》

致 道德与政治科学院 [①]

我很荣幸地代表《诗人音乐家瓦格纳：音乐心理学的研究》这一著作的作者 L. 多里亚克（Dauriac）向贵院介绍该书。此书首先研究了音乐界的天才瓦格纳的进化过程。作者从瓦格纳的作品钢琴奏鸣曲（D小调等）和《众女神的歌剧》开始，一直到他的歌剧《帕西发尔》，一步步地追随这位天才音乐家的前进脚迹。他告诉我们，瓦格纳在《黎恩济》这部歌剧中还没有摆脱自我探索的阶段，只是在歌剧《漂泊的荷兰人》中才开始发现了自我，在《汤豪舍》和《罗恩格林》中对自己才有完全的意识；在上文的后两部歌剧中，戏剧与音乐这两种艺术缔结了美满的姻缘，所不同的只是其中的一部更戏剧化一些，另一部更具音乐的美质。此外，瓦格纳在他完成了许多重要的歌剧的创作之后，开始考虑总结他的艺术经验，一茬接着一茬地发表《艺

---

① 原载于《道德与政治科学院年鉴》，1910年，第173卷，第803页。

165

术与革命》《未来的艺术作品》《歌剧与戏剧》等艺术理论著作；在这些著作中，他根据自己的设想，将音乐剧定义为诗与音乐的联姻，是诗人—音乐家的作品，或者，更确切地说，是"有声的诗人"（tondichter）的作品。接着又出现《四联剧》①，其中的戏剧布局扩大了，诗与音乐的双重组织也丰富了，尤为重要的是，作为瓦格纳音乐的原因与结果的诗性的类型在那里也更精确地确定下来：史诗性在《四联剧》中实际上已得到明显的表现。《四联剧》（1869—1874）宣告《帕西法尔》（1882）即将问世。最后这一部歌剧将瓦格纳（R.Wagner，1813—1883）的作品和他的思想交织在一起。但地位处于《四联剧》与《帕西法尔》之间的还有两部歌剧作品，其中的《特里斯坦与依索尔德》（1865）诞生于音乐家心灵的痛苦和精神的危机之中，而另一部称作《歌唱大师》（1868）则表现了一位天才音乐家的奇思异想，他抛开了一切理论，充分展开了自我的灵魂冲突，正是在这种冲突之中，他的才气得到前所未有的发挥。这些就是瓦格纳所经历的几个不同的发展阶段。多里亚克先生从心理学和音乐两个方面研究其中的各个发展阶段。他的著作的每一章都给我们提供一部瓦格纳作品的综合评述，使我们可以深入到这位作曲

---

① 《四联剧》（tetralogie）：即连环歌剧《尼伯龙根的指环》，由《莱茵河的黄金》《女武神》《齐格弗里特》和《众神的黄昏》四部歌剧组成，瓦格纳编剧（作词）并作曲。

166

家的心灵中去，直至了解他在作品中所有意识或无意识地流露出来的动机或作意。尽管单独地选读该书的每一章节都会感到趣味盎然，但它的主要的兴味和价值却是在贯穿全篇的总体思想上，正因为存在着这一总体思想，该书既有统一性又有创造性。

多里亚克先生认为，瓦格纳的全部艺术秘密就在于借助音乐使悲剧不仅保留其悲剧性，而且变成了史诗如《尼泊龙根的指环》《特里斯坦与依索尔德》；另一方面，这位音乐家又使喜剧在保持其喜剧本色的同时，掺和进去小说的成分（如《歌唱大师》）。他写道："交响乐所流泻出来的警示和预感，管弦乐所迸射在人物心理深处的道道亮光，等同于（史诗和小说中的）叙述或描写；不过，那些描写或叙述并不打断外部的动作，而是加进了内在的活动，凭借这活动，来自洋洋大观的一段叙述语言中的情感源泉，便增添到戏剧性的情感的通常源泉中来。"（见该书 Viii 页）

以上就是该书所提出的富有启发性的新观念，它具体而精确地说明了瓦格纳从自己的艺术中归纳出来的理论。我们之中每个听过瓦格纳的歌剧的人都有与音乐剧打交道的感受，音乐剧在这种情况下类似于所有的歌剧。但是，我们之中的每个人还会感到他所面对的是在某种程度上已经超越自身传统规范的悲剧，即在不同的戏剧场面中所提供给我们的不是情节进展的连续性，而是只给予我们一些不连续的阶段。多里亚克先生所分析的就是我们的这种感受，并且弄清了其中的各种成分和原因。他认为，史诗可以使情感的源泉多样化；但反过来说，由于史诗只是一种简单的叙述方式，它不能像戏剧那样让人直接面对行动本身，从而受到深刻的震撼。我们难道就不能设想某种体裁的作品兼备史诗的情感丰富性和悲剧的情感强烈性吗？在他看来，从严格的逻辑上说，在短短的几个小时内不可能达到这样的目的。然而，瓦格纳却这样做了，因为在他那里，除了掌握可以加强不同情境的效果的完善的戏剧性音乐之外，他还精通可称为叙述性音乐的手法，即让音乐来宣叙；这样，通过史诗成分的变化和将语言材料改造成音乐材料，他便操作成功史诗与戏剧的综合。

如上所述即此书的主导思想。由于多里亚克先生灵活自如地逐一分析了瓦格纳的作品，还伴随着入木三分的考察研究工作，因此本书在我们看来基本上已生动地阐明了瓦格纳的艺术。

1910 年 4 月 16 日

推荐安德烈·朱尚的著作《道德的心理学基础》

致　道德与政治科学院 [1]

我很荣幸地以安德烈·朱尚（A.Joussain）先生的名义向贵院介绍他的著作《道德的心理学基础》。此书引人注目地尝试将道德建立在情感的基础上，但并没有因此忽视理性和社会实用性在这里的意义。作者不同意当今人们常说的社会学有助于道德科学的建立。他写道："义务或职责并非必然是社会良知的回声。情况正相反，个人意识从它的纯粹性来说必定奋起反抗集体意识；如果一个诚实的人对其家庭的反对、朋友们的请求和舆论的威胁均置之不理，从更高的水准来说，仍然是可以加以肯定的。"而社会学"能够解释为什么某些责任或某些法规在特定的一些历史时期里出现，换个时候便消失了；但它在一般情况下不能够解释为什么会出现这些责任和法规"。社会采用某种方式，并从一些不同的角度反映个人的性向，但它并不创造这

---

① 原载于《道德与政治科学院年鉴》，1910年，第172卷，第816页。

169

些性向；因此，解开这些性向的钥匙，从而也是建立道德准则的关键，进一步可能还是解决社会学本身问题的主要途径，只能是心理学。但心理学在这方面能告诉我们什么呢？它告诉我们，同情之心是责任观念的根基。同情也许并非全部道德性的代词，但在没有同情心的人那里，道德性便无从谈起；只有存在同情心的地方，同情心才有可能发展成道德性；为此，同情心必须是自主而活跃的（active），而且，它还必须是反躬自省的（réfléchie）。只有"这种自主而活跃的、反躬自省的同情心才能周密地考虑道德行为的双重性：道德行为必须既是以无功利之念为出发点，又是以社会实用性为其目标"。——人们毫无用处地支持这样的看法。同情心不可能考虑到道德心赖以产生和作为基础的客观性。作者对此这样地反驳道，"假如有人想要谈论事实的一种普遍性，那么道德的客观性便只是一种诱饵"，因为道德的舆论随着时间和地点而变化多样。此外，假如这里所说的是法规的普遍性，这个普遍性就可以在情感的道德中得到很好的解释；因为同情心就本身而言往往与此有相同的走向，只是它在不同民族那里受到不同的环境的程度不等的抑制或助长而已。

以上就是此书所提出的基本命题。作者在以下各章中对它展开讨论："善与恶的区分""责任感与义务观念""情感与法制观念""内心的惩罚""道德的进化"。就善与恶的区分而言，作者精细地分析了在我们每个人那里都可能出现的两种道德观的冲突，其中的一种是在与现实接触、并在事物的压力下形成的，另一种则是抽象的、公式化的，它总结了社会媒体的经验和推理方法。与此相同，他在论述责任感时，区分了强加的义务与自发的义务两者之不同：一是社会的回声，另一则是根植于个人的敏感性和理智性。最后，作者在全书的结论部分追溯了同情心的进化过程，认为同情心可能起源于社会生活的某种需要，但它很快就超出了自己最初的目的。它降生于"生之欲望"之中，力图缓和和慰藉生存竞争中的灾难性的效果，由此转而与产生它的"生之欲望"相对抗。

以上简括的分析只是提出了对这本书的一种很不完善的看法。人们实际上可以从该书找到许多鞭辟入里的论断和深入细致的观察结果，同时可以发现它除了追求宏阔的系统性之外，还处处着意于紧紧抓住道德现实。

1910 年 5 月 14 日

文德尔的著作《今日的法兰西》

致　道德与政治科学院 [1]

　　我很荣幸地以文德尔（B.Wendell）的著作《今日的法兰西》的法文译者乔治·格拉普（G.Grappe）先生的名义向贵院介绍此书。首先必须感谢他将哈佛大学文德尔教授的这本著作译成法文，使我们能够看到一个外国人怎样细致周到和满怀好意地剖析法兰西的社会和政治生活，还有我们的文学和我们的文化，我们的大学和我们的教育，以上归纳起来就是我们全部的精神生活和我们的国民性。文德尔教授是最先执掌 J.H. 海德（Hyde）先生在索尔邦大学建立的教席的美国教师。他通过与我们相处的那几个月时间，对我们进行了很仔细的研究；根据他的著作的总体调子，我们可以认为（尽管他可能说得并不太准确）他已通过亲身的体验纠正了自己原来对法国和法国人的看法（那是外国人常有的）。他的书是一本严肃的作家用心灵去发现法兰西的书——法兰西是勤勉的, 严肃的, 从某些方面来说是严峻的,

――――――

[1]　原载于《道德与政治科学院年鉴》，1910 年，第 174 卷。

超乎寻常地依恋自己的传统，忠于家庭生活，热爱理想以及通过内部争执的事实证实自己对一些纯粹理念的坚信。如何简介作者在这部著作中逐一评介我们大学的组织、法国社会和家庭的结构、我们的文学与我们的生活方式两者之间的关系、宗教问题、革命、共和制度以及民主原则，那是不成问题或不在话下的。在所有这些方面的内容上，文德尔先生都以他自己特有的幽默说出个人直接的印象和详尽的观感，而不是抽象的看法。不过所有这些他都没有草率从事，从而破坏了全书的趣味。因为，给作者留下最深刻的印象并突出地呈现于他所有的观察和描写中的东西，是法兰西国民性和法兰西精神的严肃特质。他早已对我国的学生有这样的看法。他告诉我们，假如美国的学生可能"人情味"更浓一些的话，法国的学生则相反，他们一头栽到学业里面去，俨然是一些从名牌大学出来的、学养甚丰的专业人员的派头；他们所接受的教育，以优越的方式将细节的精确与对总体思想观念的关切联系起来。法国的学生就其所为，完全可以当作一个整体来看待。法国教师也是如此。人们看到这样的整体时，会认为他们除了用功之外不知世上还有其他的乐趣；他们不间断地向更全面、更有把握的科学知识领域努力进取。文德尔先生写道："带有偏见的外国人习惯上认为法国人轻浮、琐碎，至少也认为他们是肤浅的。当您生活在他们的学人之中，与他们一起工作和生存，您就会开始寻思那一奇谈怪论是从什么时候开始流传下来的？因为人们想象不出有谁会比他们更勤奋地工作和更懂得苦中之乐。"

首先在大学生活中给人最深印象的那种严肃特质，作者发现在家庭和社会生活中也存在。他称羡法国家庭的那种难以比拟的亲和气氛和聚合能力：它吸引着个人，并要求和赢得个人对家庭做出常常是全面的牺牲。他精细地注意到我们的"家园"（foyer）一词的逸响流韵；这词像英文里的"home"一词一样是不可翻译的，它们所激起的观念是十分不同的。他还称羡我们的中产阶级的严肃特质，他们对传统的依恋——他说，这种依恋给予他们某种贵族的风味。他十分坚决地相信他们的诚实性，丝毫不怀疑他们的道德性。在表面上看起来自相矛盾的段落中，正是这里闪烁着他的真知灼见；请看，他甚至这样说，正是法国人性格中所持有的严肃品质，以及他们勤勉的工作作风，可以部分地解释为什么在他们的文学作品中会出现那些轻浮的、甚至不道德的形象。他写道："法国人不是一个懒散的民族。他们可能是现代世界中智力最活跃的民族。这既与他们的自然本性有关，也与他们的生活环境所产生的性向紧密联系；须知竞争在他们那里具有何等重要的作用！这种现象（竞争）的强烈程度，我们在详细地探讨他们的大学组织结构时可以看得一清二楚，于此可知他们的脑力劳动为什么总是持续不懈地进行着……完成了日常工作之后，法国人也需要娱乐、消遣、散心、嬉戏……因此，作为法国人的消遣内容之一就是要求在他们的文学作品中出现一些与他们的生活不同的东西，正像美国工人爱读关于公爵夫人的传奇故事一样。他们都本能地趋向于他们在日常生活所不太熟悉的故事系列；结果这种故事系列成了不道德的有力证据。"

文德尔先生仍旧用我们精神上的严肃性、我们对一些总体观念的执着甚至于专注的需求，来解释我们的政治和思想的分歧（不幸的是分歧竟如此深剧）。他探讨了那些分歧，并希望各方的意见能够统一起来；他以这样的劝说作为结束：对于一个与现在一起共创法兰西的光荣的过去，没有什么可斥责的。

读这本书之所以会给我们一些鼓舞，是因为作者以一种宽容的态度来评判我们，而我们至少多年以来在谈论我们自己的时候并不习惯于采取这种态度。端赖乔治·格拉普先生雅致而忠实的译笔，我们今后阅读这本书将不费很大的力气。

1910 年 6 月 11 日

对哲学术语"自由"的讨论

自由（libert）一词，在我看来，其含义介于人们习惯上所说的"自由"和"自由意志"这两个词之间。一方面，我认为自由包含着完全的自我存在，即符合于自我的行动；因此，从某种尺度来说，自由就是哲学家的"道德自由"，是个人对于"非己"的独立性。但这还不完全是我这里所说的自由，因为上述的那种独立性并不总带有道德性。而且，那种独立性不包含着对自我的依赖，即不像后果依赖于原因那样（原因必然决定后果）依赖于自我。由此我回想起"自由意志"的含义。不过，我也不完全接受这个含义，因为自由意志这个词的习惯含义意味着两个相反东西的同样的可能性；据我的看法，如果有人在这里构想或提出两个相反的东西的同样的可能性这一命题，他就会在时间的本质问题上出现严重的失误。因此，我不妨这样说，在这一特殊的讨论焦点上，我的命题的主旨已经精确地确定在"道德自由"与"自由意志"这两个词语之间寻找一个中介的位置。

我所要定义的"自由"就处于这两个词之间，但不是与它们等距离地相对峙。假如一定要将这两个词的含义混淆起来，我则要选择"自由意志"。

1910 年 7 月 7 日 [①]

---

① 这一简短的讨论笔录最先发表于《法国哲学学会公报》，1910 年，第 164—166 页。讨论会在 1910 年 7 月 7 日举行。

如何克服翻译《创造的进化》的困难

致 F.兹尼亚涅斯基 [①]

　　如果借助一种好的翻译，我的一些观念能够传播到波兰，我自然会感到十分幸运；我不会拒绝您对我的那些观念做尽可能接近于真实情况的文字表达。您从《创造的进化》开始是个好主意。这本书有助于理解我的前两本书。如果（您认为）这部著作在某种程度上（显得）容易阅读一些，我将很受鼓舞，因为，根据迄今为止的几种不同的翻译情况来看，这本书是特别难翻译的，难到——根据所有从事这一译事的人的一致意见——一个译者无法独自承担的地步；它有必要让一些专家先弄出一份较忠实的译稿，然后交给一个或多个具备哲学史知识的专职哲学家去审阅。瑞典的译者不得不由一个生物学家、一个数学家和两个文学家或哲学家组合而成。英文的翻译至少也

---

　　① 此信收入 F. 兹尼亚涅斯基（Znianiecki）译的波兰文第一版《创造的进化》（华沙，1913）中。华沙大学助教 I.Wojnar 夫人将译为波兰文的这段文字重译为法文。

有同样数目的人参加。德文的翻译几年前就已经在进行之中了，至今还没有结束；其间所出现的困难，不是一时半会所能解决得了的。在翻译的过程中，之所以会出现这么多困难，原因首先在于这一著作是我多年的研究成果，而且涉及完全不同的许多领域，尤其是由于我在此著作中想让我的读者在某种程度超越那些抽象的"概念"和观念而思维，也就是说，只能用形象来表达自己的想法：形象在这里不是一种修饰的方式，而是适合于进行思维的唯一表现手段。

1911 年 12 月 3 日

关于博览深思的精神（即学术上的"同情心"）

致　埃杜雅·勒·罗伊 [1]

在这种方法的范围和它的背后，您已经又整理出意图和精神……这方面的研究再也不可能有比这里更认真和更忠实的了……随着研究的进展，它会证实这里所付出的不断加强的努力；人们可以感觉到这里所论述的东西逐渐归总在一起了，如同我们定义实在的时延时所采取的那种归总的办法。要使读者与我们一样产生这种感觉，就必须远远超出仅仅对我的作品的加意研究；我们必须具有博览深思、兼容并蓄的精神（原文为学术上的"同情心"——译者)，即能够以个人独创的方式重新思考他人的论述。您在论著的最后部分简单扼要地指出这一理论主张今后的发展可能性，便是这种博览深思的精神最有力的显示。我本人不想在这上面（即您已经说过的东西之外）再多说些什么。

1912 年

---

[1]　这封信摘录自埃杜雅·勒·罗伊（Edouard Le Roy）所著的《新哲学》（巴黎，1912）的序言，这里只是它的片断。

基于经验的哲学方法与道德问题

致 约瑟夫·德·童格得克 ①

　　……我无须告诉您，您如果想发表您所引用的我以前写给您的那封信（那是为了阐释《创造的进化》中有关上帝的本质的两三句话的含义）的片断，完全可以由您自己作主……您好意地询问我是否要增添些什么？我认为作为哲学家眼下我没有什么可增添的，因为我所要求的那种哲学方法是严格地根据经验（内在的和外在的）来确定的，因此它所引出的结论不可能超越作为它的基础的那些经验性的考虑因素。如果我的著作毕竟还能够激起人们对至今还被哲学所忽视的一些精神实质的信赖，那是出于如下的原由：我从来没有将单纯的个人意见或能够被这一特殊的方法所具体化的信念当作一回事。然而，在《论意识的直接条件》一书中所论述的那些想法，无不旨在阐明自由这一事实；而《物质与记忆》里的东西，我希望能够直接触

―――――――

　　① 以下是童格得克（J.de Tonquédec）神甫在他的文章《柏格森先生是一元论者吗》后面所引用的信件的片断。

及精神的实体;《创造的进化》将创造活动当作一桩事实来说明:所有这些都突出地表现一种创造与自由的上帝的观念,物质和生命都从他那里产生,他的创造力通过物种的进化和人类个性的建构而在生命领域中绵延不绝。其结果是,所有这些总的来说都反驳了一无论和泛神论。然而,为了更精确地阐说这些结论和取得进一步的成果,我们还必须着手研究另一类的问题,即道德问题。我还没弄清楚在这一论题上是否从未发表过什么东西;我所关心的只是要让我这方面的成果像我的其他著作一样经得起论证和推敲,或者同样清晰明白。其间我所说的一切,可能与我所设想的哲学只是沾些边,甚至是在它的圈外;我心目中的哲学是按精心确定的方法建构的,凭借这种方法,我认为它可以在程度上达到与实证的科学相媲美的客观性,尽管在性质上两者有所不同。

1912 年 2 月 20 日

在亨利·弗朗克墓地上的讲话

请允许一个已经年迈的同志与年青的朋友们同声一气，来悼念一位同样年青的逝者，并轮到他向逝者说声再见。

我羡慕亨利·弗朗克这样一位罕见的智者，他的智慧向一切领域开放，他得心应手地驰骋于最抽象的某一思考领域，同时，以我难以想象的奇妙的心理机制，他似乎准备着与诗歌和艺术领域中更微妙的声息共鸣。已经为他的学术成就作证的那些人，同样可以证实他所具备的惊人的才能。曾几何时，有些伙伴深信他的思维和他的梦想，早已知道在他那里潜伏着一个深邃的哲学家和一个敏感的诗人，如果他活着，一定会处身于给法兰西带来荣耀的思想家和作家之列。

这是因为他禀赋出色的智慧；这也是因为，像人们以前所说的那样，他拥有"美好的灵魂"。这样一缕美好的灵魂，它无牵无挂地穿越过人生的旅程，就像凭附于内心想象的影子。这样一副美好的灵魂，它不沾染什么低级或庸俗的东西而跨越过人生的长途，因为它高踞于一切鄙俗之上。如此高雅的灵魂，享有如此高雅的内心愉悦。

它就这样地离开我们而去了，似乎在某些时候以前，它就已经离去！我们的悲愁十分深重。所有亨利·弗朗克的同志和所有他的朋友，所有认识他的人和认识他而不能不爱他的人，都加入他的父母无涯的哀伤之中。请允许我们向总是像他一样谦虚（尽管有权骄傲）的他们，致以热切的敬意；在这悲情难抑的时刻，我们表达对他们这个亲爱的儿子（尽管他在我们之间逗留的时间是如此之短）永不衰减的羡慕之情，多少可以带给他们一些轻微的慰藉吧。

1912 年 2 月 27 日 [1]

---

[1] 见于《亨利·弗朗克》（Henri Frank，1888 年 12 月 2 日—1912 年 2 月 25 日）（纪念集），巴黎，1912 年。

关于青年问题答贝尔托

......

（他说）：我认为我们现在正面临青年精神面貌的一个巨大和深刻的变化时期。

这个方面的进化原由不是那么简单的。这个层次的变化从来就不是在单一的原因的影响下完成的，就我的认识而言，我看到有许多因素都在促成这一变化：首先是运动……是的，情况可能是这样的，但他们的作为与其说从物质观点出发，不如说更多地从道德的观点出发。我尤其看重他们在运动中的那种自信心，那是只能在有教养的人那里才能得到的。这种自信心在我看来完全是他们的前一代所没有的。因此，他们在这方面应该说打了一次真正的胜仗。

今天的青年人给我深刻的印象的另一件事是，他们对待生活的严肃的态度。这里要注意到下面的一点：严肃并非指厌烦、悲观，而是指充满活力、对自己行为和自己责任的意识。在我看来，与某些人的意见相反，他们的结婚年龄比以前要更合适一些。在我年青的时候，人们都把年青人在学习期间就结婚当作异乎寻常的情事。今天这种情况要大大地增多了。

（有人问）：您认为青年人的早婚是一种幸福的证明吗？

——可能是这样……不管怎样，这种情况有助于青年人的道德化，在他们丰富的美质之中又增添了责任感，正是这个对我来说有很大的吸引力。

……不知您是否注意到这种趋势，即我们必须在某种程度上与我们的前一代的人对着干，必须以不同于我们老一辈人的观念来指引自己；这种精神上的猎奇习惯可能已足以解释我们在当今的青年人那里所看到的深刻的变化；当然，这种变化不是必然地要在所有的青年人那里出现。怎么啦？！一些哲学家和学者给我们说了下面一席话到现在大约有 40 个年头了：人不过是必须接受某种环境的影响的生物，他要顺从某些势力，否则他的个人意志就不起作用；他必须接受教育，继承前人的经验教训，而不能反其道而行，等等。我们接受了所有的这一切教导，但在我们每个人的心灵深处涌现出一股抗议的意识，我们呐喊起来：往前走吧，相信你是一个自由的和负责任的人！应该承认，我们必须反对上述披着科学外衣的伪哲学。当然，没有人不是都像我一样希求科学和真理，但我们不应该将其赝品强加给世人。我认为必须尽快地对这种伪造的科学观念做出反应，因为，说穿了，它不折不扣地试图把人变成一种被动的、不变的、缺乏自发性和意志的……东西。我们实际上已经做出这种反应，您可以看到，它开始结出自己的果实。

（柏格森先生热情洋溢地继续说下去）：是的，我确实相信法兰西正经历某种道德复兴的过程；给我的印象最深的、使我敢于做出这种预言的是，它（道德复兴）不仅仅是一些观念的转变（您大概也知道，人们现在转变观念是那么容易的事情！），而是意志的一种真正的转变，更确切地说，是意志的一种真正的创造。然而，意志是与性癖一样的东西，也就是说，它极难改变。从这个观点出发，当今青年人的道德进化现象似乎可以当作一种奇迹来看待。而且，它还是给人双倍幸运的奇迹，因为：它肯定了重建我们道德统一体的意义；它还是法兰西的精神总是无可指摘的凭据。此外，我们目前难道就不具有这两个方面的凭据？这个夏天的政治危机便已说明我们是怎样地厌倦于自己内部的不和；我们的所有青年，我们全体青年们，都期望有一个灿烂辉煌的民族大团结。此外，在航空技术上的非同寻常的发现也证明法兰西总是赋有最高级的发明创造的精神。而这种发明创造的精神可以说是它的个性特点，这也说明自发性越大，创造意志就越大。既然如此，怎么能够不为所有那些可以继续增强这种自发性的因素拍手叫好呢？怎么能够不为青年人比他们的前辈更果敢，更坚毅，更有责任心，一句话，更法兰西，而欢欣鼓舞呢？

1912 年 6 月 15 日 ①

---

① 这篇答贝尔托（J.Bertaut）的讲话稿首发于《高卢人》，1912年 6 月 15 日，后被亨利·马西斯（H.Massis）引用于其著作：《今日的青年人》，Plon（书店），1913 年。

关于自己著作的引用者索雷尔

致　吉尔伯·梅尔①

索雷尔②这人据我看来是一位太有创造性、太特立独行的思想家，因此将他归于无论谁的旗帜下都是不合适的；他不是一个门徒或弟子的角色。不过，他接受了我的某些观点；当他引用我的东西时，他大概都先仔细地阅读了我的著作，而且都理解得很完好。

1912 年

---

① 这里只是附于梅尔（G.Maire）文章《乔治·索雷尔的哲学》之后的一封信的片断，见《蒲鲁东小组札记》，1912 年，第 2 册，第 65 页。

② 索雷尔（G.Sorel 1847—1922）：法国的政论家、社会主义者（略微倾向于工联主义和蒲鲁东的无政府主义）。

关于鲍德文的著作《道德科学中的达尔文主义》

致 道德与政治科学院 [①]

我很荣幸地以贵院的通讯会员 J.M. 鲍德文（Baldwin）先生的名义向贵院介绍他的著作《道德科学中的达尔文主义》（由 G.L.Duprat 译成法文）。这本书是由一篇关于"达尔文在心理和道德科学方面的影响"的论文扩展而成的，该论文是为了纪念达尔文诞生 100 周年（1909 年 4 月 23 日）和《物种起源》发表 50 周年而写的。全书共分六章，依照顺序评述了达尔文主义与心理学，与社会科学，与伦理学，与逻辑学，与哲学和与宗教的关系。

名为"达尔文主义与心理学"这章说明，尤其是由于达尔文所提出的自然选择的原则后来被延伸应用，还由于出现作者称为有机的选择这样一种现象，达尔文主义可以在心理学领域得到应用和完善。大家都知道，采用原创形式的达尔文主义来

---

① 原载于《道德与政治科学院年鉴》，1913 年，第 180 卷，第 329 页。

解释诸如复杂的本能是如何产生的问题，究竟有多大的困难！这些本能中哪一种出现变异，对于个人来说不会有什么意义，因此也不会出现什么选择的问题，仿佛是那一新的本能中所有的因素彼此都和谐共处于原初的状态之中；各种因素的变异将产生整体的变异，而在发生变异的各种因素之间必须保持相互的一定关系：对于保持这种相互关系的偶然性，我们应该怎样予以注意呢？根据魏斯曼[①]的理论，个体的获得性不会遗传到它的后代。人们如果无条件地相信这一理论，那么这一理论除了添乱之外，不会有任何的好结果。但是，魏斯曼还补充以"内部选择"的理论，将选择的原则用于单一和同一机体内部各组成部分之间的相互协调和适应上。根据鲍德文先生的意见，人们就是在心理学的领域内传播这种内部选择的观念之际形成了"有机的选择"的概念。他写道："既然生命程序和习惯的选择发生在一个有机体之内，它的每一生长阶段都存在着其先天性与后天获得性的结合过程；每一个案的自然选择都在这种结合、衍出和结合的过程中得到实现；只有最完满地达到这种结合目标的有机体才应该延续生存下去。随着变异的结果加入到后天获得性中去，上述的结合产物便进入生存竞争的行列中去，于是根据严格的新达尔文主义的原则要求，选择便或在或不在它

---

① 魏斯曼（A.Weismann，1834—1914）：德国生物学家，著有《论遗传性和自然选择》（1892）等。

的身上进行，而根据魏斯曼主义，选择便只在先天性的变异上进行。其结果是，仅当变异发生在相互调节和适应的过程中，人们才会对这类的变异另眼相看。因此便有了变异的一个累积过程，它在主导方向上与后天获得性'重合'，其作用变得一代比一代更具备先天的特性。个体的获得性和适应性，对于它已经具备的性质来说，具有补充和庇护的作用；因此，随着时间的推移，个体只通过简单的变异而不采取获得性实际遗传的办法，它的各个组织器官也能达到完善的程度。左右着进化过程的这种获得性与变异性互相重合的作用，就被我们称作'有机的选择'"。

在名为"达尔文主义与社会科学"这一章，作者奋起批判后人在社会学上对达尔文主义以及更一般的生物学理论的庸俗化的利用。作者认为，将个人主要看作为一个利己主义者，他很自然地要与其同类斗争，这种见解有严重的错误：这个成天寻找损害他人的办法的反社会的自我，只是某种抽象的概念，或者说得更确切一些，他只是一种哲学的建构。鲍德文先生认为，真正的自我都是能够进行社会交往活动的自我，即"社会人"（socius——拉丁文）。整个社会就是所有"社会人"的总和，他们既是自发地也是自愿地互相调控。假如为此有人还是要在社会学中谈论生存竞争，那么他就应该明白这种生存竞争是在团体之间进行的，而不是在个人之间进行的。在团体的内部，人们越是紧密地相连，这个团体就越善于进行与其他团体的竞争。正常成长起来的个人就是社会人，他是社会生活的产物，根据他所受的教育，将直接地和自然地承袭社会的种种遗产。我们从他最初的判断观察到他最后的发明，不难看出他的基础以及他的经验或行动的领域都一律是属于社会的。当他自认为已成功地成为"反社会的人"之际，那不过是处心积虑地、有意地推导出来的结果，或者是通过类似的其他人为的办法来实现的；即使这样，自然的造化时常还是要占上风，同时告诉他：他所进行的丧失理智的与世隔绝的探索使自己陷入怎样悲惨的孤家寡人的境地。非社会的人或反社会的人都是不正常的，是属于例外的情况。因此，可以进行社会交往的个人才是社会生活的产物。在他的身上实现了和加入了他自己的团体在与其他团体的斗争中所要坚持的组织样态。正是作为法国人或英国人（假如那些相应的最大的文明特点必须保存下来的话），法国或英国国内的一干人等才必须继续生存下去。而在每个人的个体意识中都存在着某一特殊的成分，这一成分可以决定他是法国人或是英国人；同样的，也存在着这样的成分，它决定 A 是农户，B 是铁匠。

鲍德文先生认为，同样地从自我—社会人这一概念出发，我们必须回到道德问题上来。假如在个人与个人之间确实存在着生存竞争，在达尔文主义与时下的尽义务的观念之间就会出现的扦格和不调和的现象。如果生存竞争仅与团体有关，情况就不会是这样；而且，为了更有效地竞争，就必须将那些社会人精细地组织成一个自律和自控的团体。

在此书的最后三章中，我们必须特别地指出的是被称为"达尔文主义与哲学"这一章。鲍德文先生在这里发展了下面这一观念（我们认为这是应该加以大写的观念）：进化论并不一定是机械论的，它在后果方面可能或多或少带有机械论的成分，但在原因中不存在这种成分，这样，自然界就处在不断地新陈代谢之中。

就像人们所看到的那样，此书充满许多很有启发性的概观，同时它精确地界说了作者在他以前的几部著作中对达尔文主义所采取的态度。

1913 年 6 月 14 日

在法美委员会上的讲话

致　全体委员 ①

夫人们，先生们：

　　我首先要感谢我的老同学杜米克（Doumic）刚才所做的充满盛情的祝辞。他引起了我对高等师范学院的老回忆，还引起了对中学的更老的回忆；这证明了友谊地久天长，终生难忘。不过，钦羡之意也是地久天长、终生难忘的；为了证明这点，我只想提及 15 年前我不仅在哈佛大学，而且还在纽约，所听到的杜米克的讲演。是的，这些讲演已经过去 15 年了；15 年，婴儿也成了大人（这后半句为拉丁文——译者）。然而，人们还谈起那些讲演。我亲爱的同学，现在是您接受我的全部祝贺的时候了。我的祝贺虽然来得晚了一些，但它的亲切程度毫不稍减。

　　现在请允许我向法美委员会表示我的感激之情，它给予我这么大的荣耀，使我能够借访问纽约的机会到美国的两所著名

————————

　　①　该讲话刊载于《国际教育杂志》1913 年 7—12 月号，第 95—105 页。

的大学做客，参加它们的庆祝活动。在我出发之前，委员会杰出的主席汉诺托（G.Hanotaux）先生就告诉我：返回这里的时候，要谈谈我的观感。现在我回来了；但说真的，我所看到的东西极少，因为我没有时间去看。我几乎泡在讲座、论辩和讨论里头，我听到那么多的人说了那么多有趣的事，终于在自己的谈话和听人家谈话的过程中度过了我的全部时间。必须有一天让我再回到那里去看看美国；假如你们也愿意这样做，使我有幸再访问一次，那时我回来一定会向你们述说我的观感。

尽管如此，我在论辩之时，还是从这里或那里看到了一些东西。而我所看到的东西足以使我明白像你们法美委员会这样的团体组织的用处，我要说它几乎是不可或缺的组织。如果我没有弄错的话，这个组织的主要和基本的目的在于加强法美两个方面的联系。但从这一方面来说，实际上存在着另一方面（从另一方面来说，归根结底可能也是一样的），于是便得出这样的结论：法国必须更好地认识美国，美国也必须这样地对待法国。好了，我认为从这个意义来说，我们还要做一些事情来增进彼此的相互认识；我是根据在纽约居留期间的感受做此判断的。既不是我所读到的东西，也不是我所听到的东西，能够给予我在这里到处走走时所注意到的东西一个准确的、或仅仅是约略的看法。

有人这样地告诉过我："当心那里的气候。纽约的冬天真是难以忍受。道路都结上冰，房子内部的暖气又烧得太过。您在外面要被冻僵，在里面要被烤熟。"我为此认真地查阅了我的导游手册，其中有句话多少肯定了上述的看法，据说上莱茵省以及上芒什省一些有名的医生对美国东部的气候散播了一些不祥的话头，使这地区的居民多少受到一定的不利影响。

我在那里所读到的和所听到的是那么一回事……而我来到这里之后所看到的又是这么一回事。在我绝大部分的居留时间里，美洲东部晴空万里，太阳光芒四射地照耀着。是的，在严冬的季节，这样的光芒非常舒适宜人，其中有一部分就像法国南部的阳光，也像有人在意大利所看到的那种阳光。有时，落日的景观可与我称羡不已的罗马的同类风光相比拟。哎哟！我心想，我过去所了解的情况很不可靠。

我在纽约的街头闲逛时，又发现一种令人惊讶又讨人喜欢的景象。我过去听人家说，纽约是一座引人注目的城市，原因有好多方面，但从来也没有人是从建筑的观点这么说的。人们为我描述了那里的一些著名的"摩天"（Sky-Scrapers——英文）大楼，有 20 层的，30 层的，40 层的，似乎这些都是看起来令人很不舒服的东西。我却没有这种印象。

首先，我注意到四周的许多趣味盎然和赏心悦目的建筑尝试，其整体是由很不相同的局部追求所构成的，但那些不同的部分又汇聚在一起，努力创出某种新风格来。是的，这种新风格可能是非常美国化的，尤其是纽约化的，但我们有一天也会在建筑艺术方面进行一些革新的尝试。这种情况没有什么可值得惊讶的；因为，正如我们的一位最精细的作家过去所指出的那样，在充斥着一种强有力的共和精神的地方，也存在推动建筑艺术发展的动力和新观念，如果不是这样，则实属罕见。而且这也是对我们的自尊心的极大鼓舞，因为有人告诉我，在纽约工作得那么出色的美国建筑师，大部分是我们工艺美术学院的老校友。至于摩天楼那种建筑，其效果与人家告诉我的大不一样。我并不认为它们很丑恶；其中有些在我看来甚至还很美。我还没有想到要建议在我们法国的一些城市中引进这种建筑艺术，因为它们的背后有着更久远的过去，要更多地考虑与旧建筑和周围环境珠联璧合的谐调效果，因此，如果继续地依照它们传统的建筑观念来发展，也许会更好一些；但是在比较新的城市里，摩天楼的效果是有吸引力的。

我似乎听人家说过，但也可能是从某篇美学论文中读到过这样的见解：一座房子如果超过3层，它就不可能使我们的眼睛觉得舒服；而在我们的一些大城市中所见到的景象，似乎也证明这种理论有它的道理。实际上也许那里的建筑不可能是5、6、7层的。但三四十层在我看来又变成可能了。我找到了这一事实的说法，并且匆匆忙忙地就将跑到我的脑子里来的东西呈献给你们。只要一座住宅楼超过3层，它给我们的印象就不是一座单一的住宅。3层的住宅是一个家庭可能需要的最大空间。当我们看到5、6、7层的房子时，我们就会想到这可能是有人将许多住宅叠加在一起；或者说，假如我们不去想这件事的话，我们对它就有一种感觉。我们的注意力被分散了，思绪变得支离破碎了；简而言之，统一性出现了缺损，而没有统一性便没有任何的艺术品。于是，我们就将这种多至5、6、7层等的多元性的印象长时间地保存下来，直至我们能够和打算考虑它们时为止。可是，你们将楼层增加到我们不再可能和不想去计算它们的程度：于是，我们的面前便出现一种无限，一种集体性；我们所体验的印象便是从远处而来的庞然大物，任何的个体都不能脱离开它，因此它成了不可分割的整体；统一性又出现了，至少又变得可能出现了，假如建筑家知道怎样抓住它，那么建筑物便有可能重新成为一种艺术品。我向你们提出对事实的这种解释方法，可由你们去考察它的价值如何；不管这种解释方法是好是赖，那事实总是肯定无疑的，因此当我从纽约返回自己的国家时，我将带着这样的信念：建筑一座26层的高楼要比建筑6层楼更容易达到住宅的美学要求。

当我尝试着要弄清美国的这方面或那方面的精神时，我不感到十分惊讶；我只是要在与那些人们可能称之为代表的人物交谈时，把它说出来。这可能是因为人们可以通过一个民族的文学、哲学、历史来了解这个民族的精神，而且，要改变自己从阅读中产生的对一个国家或民族的看法和意见，必须到该国做较长时间的逗留，同时要与那个社会不同阶层的人有广泛持久的接触。然而，我与这里的一些著名的人士的多次会晤，进一步强化和具体化了我的原先看法，我没有理由不相信我的观点不会因为有了更广泛和更全面的经验而大幅度地改变。

然而，阅读美国的作家和哲学家的著作所留给我的印象——我要重复地说一下，这印象在我的访美期间只有增强而没有什么减弱——是这样的：美国人灵魂的基调是理想主义。在美国人所思考的问题里面，就像美国人所做的一切事情一样，那里除了包含很多和谐的变音之外，还存在着一个基本的不变的音符，这个音符就是理想主义的音符。理想主义有时还与神秘主义并肩前进，前者总是强有力地充塞着情感。

我所要说的理想主义是指一些很难加以界说的趋向的总体，那些趋向几乎也无必要加以界说。首先是对精神性的事物的好奇心。接着是习惯于将精神性的事物置于所有的其他事物之上（你们只要想想，在美国有多少私人，他们常常不透露自己的姓名，径自向大学、向图书馆、向展览馆、向所有有利于科学和艺术发展的单位、向所有旨在提高一国知识和道德水平的团体慷慨解囊，捐献了巨额的款项！）最后，我所要说的理想主义尤其是指习惯于认为生活不仅仅是活着而已，而是把实现某种还不存在的事物当作生活的目的和存在的理由，这种事物一旦得到实现，它就会给生活带来更丰富的内容和前所未有的意义。所有这一切，根据美国的文学和哲学的判断，都是非常美国化的。

但是，美国的历史难道就不能作同样的证明吗？情况也许是独一无二的，那些人下海去成立一个新党时，私下没有任何物质利益方面的盘算，他们除了寻找思想和信仰的自由之外，没有任何其他的目的。我不知道在殖民主义的历史时期是否还存在其他与此同一类型的事例。必定会变成合众国的独立国家就是这样建立起来的。是的，在那里，大约300年了，可能在世界历史上是第一回出现了一个建立在一种纯理念基础上的国度和民族，那一理念涉及了正义和自由。毋庸置疑，将美、法两国联系在一起的那种深刻的同情的真正根源就在这里。

从这种深刻的同情出发，从这种理想和理想主义的共同愿望出发，我们双方在18世纪末开始有人意识到有一天会出现一个巨大的潮流将法兰西推向亚美利加。那时候法、美两国便将心心相印，互相看得见对方的灵魂深处。他们在那里找到了走向正义的统治和自由的胜利的共同的巨大期望。而且，理想主义的共同愿望转化成同一类型的政治和社会的观念——可能并非同一的，却是类似的。我认为这两种观念在某些方面互相协调，在另外一些方面存在着歧异，是一对互补的观念。咱们彼此在原则上都树立了个人神圣不可侵犯性，但所基于的因由并不完全相同。就我们这方面而言，这一原则是18世纪哲学所导致的自然结果，而那一哲学并非革命性的，它限于阐说从法国传统思潮中汲取的某些观念：如笛卡尔所说的，我们都是理性的动物，理性是体现于"每一个中的全部"，正是我们自己从尊重全体出发规定每个人的不可侵犯的权利。对美国人来说，据我所能揣测的，这一人权原则的抽象性要比法国版的少一些。美国的人权原则与以下的观念黏连在一起：国家必须要求每人提供和从每人那里获得最大的效益。为此，个人必须拥有最大可能的自由；国家必须让个人茁壮成长，就像在阳光下一棵植物欣欣向荣地生长一样。

概括而言，付出最大的努力和取得最大的效益的观念，还有，集体性的观念在于必须留给个人充分发展其所能的余地，甚至尽可能给个人提供机会，这些在我看来就是美国理想的基本组成因素之一。顺便说一下，这只是为了让那些没有充分注意到在解释美国日常事务这一题目时大家都犯过许多错误这一事实的人，心中明白一些。

实际上出现这样的情况：人们开始专门关心美国的致富之道，似乎他们就是为了金钱而爱金钱一样；其背景在于：美国在贸易和工业方面有了巨大的发展，在美国的工商界展开了风风火火的活动。似乎美国那里的豪华，至少可以说是小康和富裕，与人们在世界各地所寻求的那些东西不是一回事！在美国，如同在世界的其他地方一样，人们也搞金钱交易活动。但是，美国人的一个特点正是在于：他们不是仅仅为了财富本身而寻找财富，我要说的是，他们不是专门为了满足对物质的占有欲。不；他们将财富作为对他人，尤其是对自己的一种证明：他们已经尽了自己的最大努力，做了自己能够做的一切事情，将自己的能量以最高可能的有效性发挥出来，这也就是他们所讲究的"效率"。

我希望"效率"这一源于法文或拉丁文的词能够回到我们的语言中来。它涉及如下一些观念：有用的效益，必要的活动，由于必要，因此能在量与质上产生最大可能的结果。美国的理想显然就在于此：将个人的和国家的效率都提到各自的最高点。为了取得最高的效率，就必须让个人积极性有自由发展的全部可能。从这里可以知道，刚才我为什么要说在美、法两国都是很主要的、而且都具有两国的传统特点的自由观念和个人不可侵犯的观念，无论在含义上还是在来源上，两国都不尽相同：法国人更看重的是进行思考的个人，而美国人则更看重投入行动的个人。不过，无论在哪一个国家那里，这两种观念都是基本不可缺的，它们互相结合起来，构成了有关个人生活和社会生活的一个崇高的准则。

我说过，这种理想主义从来就是美法两国之间团结的纽带和共同的特点。两国将因此而友好相处，和衷共济。然而，尽管法美之间有如此之多的联结途径，如果彼此不去联结和拴紧它们，它们不会自己紧密地联结起来。而这种工作，你们如此成功地完成了，真是令人称羡不已。法美委员会有很长的时间并不存在；但它已经不声不响地做了许多工作。正是因为在两国之间存在着"先定的和谐"，因此必须以具体的方式来表现这种一致性，同时通过一种合作的途径来加强这种一致性，这就是成立法美委员会的缘由。大家还清楚地看到，再没有比在大学的领域中来表现这种一致性和加强两国的合作更为有效了。

美国大学生活动的紧张程度留给我很深的印象。除了以前就与我有联系的纽约哥伦比亚大学之外，我只参观了哈佛和普林斯顿，而且，那也只是走马看花。最好应该对这些大学一一考察过（可是我没有时间），因为其中的每一所都有它的特点和它先进的个性。不管怎么说，我就近看到的哥伦比亚大学的情况便使我十分感动。这是一所并非十分古老的大学。它耸立在现在的"晨边"高地上还不到 10 年的时间。然而，整个一座大学城突然间拔地而起，似乎这是某一次火山爆发的结果。人们还以为自己正面对着一种自然力呢。

然而，这不是一种自然力造成的，你们揣想得很对：这是人的意志造成的。更确切地说，这主要是某一个人的意志使哥伦比亚大学变成了今天这个样子。事实上，在哥伦比亚大学的校园内，一草一木，一石一水，一楼一道……无不使人感受到一位具有非凡的智力、坚定的意志、而且高瞻远瞩的教育界人物的影响，这位人物就是我要说的该大学的校长巴特勒（N.M.Butler）先生。

他的权威和他的影响已经传遍整个的哥伦比亚特区，甚至于到达整个的纽约州，但他只将自己全部贡献给哥伦比亚大学，他的生命已经与他的大学的生命合为一体。自从他领导这个大学以来，学生的数目已经增加了一倍；许多新的教育项目也创立起来了（其中最新和最有原创性的一个项目要算"新闻学院"，这样地称呼这个专业系科，大概是为了表示它可能起到的最巨大的社会作用）。简而言之，巴特勒先生是一位出色的组织者；我作为哲学教授，不能不为他感到一些自豪，因为巴特勒先生也是一位哲学家，当过哲学教授。

哲学精神可以这样地与组织能力结合起来，这一点也没有可使我们吃惊的，因为，如果这是一位哲学家重建了哥伦比亚大学，那么我们法国的名牌大学的重建者也是一位哲学家；他也做过哲学教授。

确实如此，当人们在这部或那部著作中认识了那些哲学家时，他们也就更好地理解了那些著作的精神，并且自觉已做好接受那些精神的一切准备——对于我来说，我很久以前就开始接受这一切了，但为了谦虚起见，我不敢这么说——是的，人们都倾向于接受柏拉图的这一说法："如果哲学家们都走向王位，或者国王们都从哲学里出来，这个世界的一切将运转得很好。"

我说过，每一所美国大学都有它自己的特殊面目。但与纽约市从某种程度上可以代表整个美国一样，就我想要说的东西而言，哥伦比亚大学也是如此，它具有足以完全代表一般的美国大学的理念。哥伦比亚大学像大部分的美国大学一样，开始是一个学院，转变成大学的时间还不是太遥远，约在上个世纪的中叶吧。

一个大学成立之际，很自然地寻求从已经存在的大学那里汲取经验。英国各大学的经验，尤其是牛津大学的经验，不可能不对新大学的组织者的思想有所影响。我对该大学在美国的大部分教育目的就是这样理解的（它至少与国民性有一定的相似和联系之处）。它首先涉及将学生培养成公民的设想；也涉及在大学内部造就某种公共服务的精神。各类运动，联谊会，公共生活，学生内部自我检察的义务，所有这些都很有效力地发展了责任感。英美两国的大学在上述的几个不同方面存在着惊人的相似之处。然而，在教育的组织法则方面已不复存在相同的东西。牛津大学的督导制度很完善，但学费过于昂贵，难以在平民性质的大学普及，这里需要补充些其他东西。在这个时代，我们的高等教育日渐凋敝；德国的大学倒是兴旺发达起来了。人们开始转向德国那边去了。尽管如此，他们并不照抄德国的教育制度，只不过受到它的鼓舞而已。

美国的大学今天已经进入成年的阶段；它们无须模仿任何

人。然而，它们都倾向于继续利用对自己有用的任何外国东西。只是，多年以来，我们的大学都经历了一番的改组；这种改组的结果远非大家所能设想的。美国人知道这点，他们开始从我们的角度来观察上述的改组。

他们在我们这里首先欣赏的是形式的质性。当然，这并不涉及教师讲演的修饰方法。然而，我们只好另加些这种人为的雅致的形式。假如教师展示了一下他的观念，并全面地分析之，同时还详细地说明这一观念是由哪些因素构成的以及这些因素分别在总体中占有什么地位，这样也就足矣；如果他故作姿态，专事于修饰，那样反而会把他的课弄糟。人们倒是乐于将节制、简明、结构严整等语言特色当作法国教师的优点。尤其是在哲学领域，人们更加赞赏我们一开始就是用平易近人的语言来授课。我说"一开始"，那是因为采用特殊的哲学术语来表达自己，是新近从外国传输来的习气：我们的大哲学家——笛卡尔，马尔—布兰歇（Male-branche），孔狄亚克，等等——并没有感到有必要创造一些专门的新词；他们都不采用特殊的专业词汇；但他们仍旧把要说的一切都说得令人心悦诚服。实际上不存在不能用常人的语言说清楚的哲学观念（尽管它可能极为深奥或微妙）。只要我们真正地肯花工夫去思考，我们所选用的词汇越普通，便越能传达出我们思考的结果。关键在于要选择那些应该选择的词汇，尤其是要将它们安排得十分得当，以至于达到无懈可击的地步；而正是它们的平易特点使它们适合于表现某种原创性的思维——情况如同直线在某种程度上不带特殊的个性，然而采用极小的直线成分，我们可以重建不管怎样弯曲的特殊图像。所谓的"哲学的"词汇笼括了所有现成的界说，现成的观念和现成的理论；人们开始采用它们的时候，是从方便的角度考虑的，因为它们跟成衣店里的服装一样，拿来就可以试穿。然而就像成衣不可能那么合体一样，现成的概念与思维的形式同样不可能融汇于一体；一个人越是准备放弃既有的生活态度，他就会越发认识它们对自己的束缚程度，如同最初只是以成衣的面目出现的东西，终于成了实实在在的思想的紧身衣。

我跟你们谈的是哲学，因为这是我最内行的知识；其实，其他事物的道理与此相同。特殊的科学门类可能要用特殊的符号，并且在多数的情况下要借助于相应的专有词汇；但根据法国科学的传统精神，我们不应该滥用这种专有词汇，同时尽可能使用公共语言。美国人也是这样，他们称许我们的这种习惯。他们自己喜欢这种习惯的原因在于：这样做的结果推动了他们各门科学的进步。因为，这种赋有法兰西精神的习惯，只能转化为非常法兰西的情怀——一种博大的情怀，它表现为将所认为是真实的观念大大地扩充并超出自身之外的要求，还表现为因广邀最大多数的宾客来参加科学盛宴而感到的欣悦，摒弃了闭门自守、独享其成的匠人作风。

是的，当你仔细地考察法兰西的简明的文风，从中你便可以发现这种博大的情怀，正如靠近某一光源便会感觉到它的温煦一样。

不过，这些不仅仅是美国人所欣赏的我们的形式性。在我看来美国人还欣赏我们的发明性。法兰西的才能从来就是充满发明性的。但我们不是都能从我们的观念中抽取我们可能抽取的那一部分（精华）；我们过于经常把发展、完善和开发我们的观念的可能性留给外国人去考虑；这就是为什么我们民族的这方面才能（指观念的发展等——译者）不如其他方面那么引人注目。我们现在注意到了这点（可能其中汽车业和航空业占有相当的分量），于是有人便产生这样的疑问：是否我们的教育制度（它从来就把调动学生的智力方面的主动性作为自己的基本方针）没有使那些发明性得到发展？

总之，像我刚才所说的那样，人们从我们这边出去了。而且，我还有这样的印象：这种流动现象还在加速发展，在大学领域内，美国和法国将越来越靠拢。

仍像我刚才所说的那样，法美委员会将有助于带来这种好结果。这里只提一件事，纽约的法美委员会副主席赫普本（B.Hepburn）先生不是才在哥伦比亚大学建立"法兰西之家"吗？这同一个委员会的主席培根（R.Bacon）先生（这位大使已给我们送来如此宝贵的礼物），在与我同时到达纽约之后，不是也为法兰西之家制定了组织条例吗？

我一定会将你们的盛情通过互相传递的办法转告大家，同时，也请你们接受我们亲切的和感激的情意。

现在，我就要结束这篇自始至终都是断断续续地进行的漫谈，只想着重地告诉你们一句话：凡是来到美国的人，都不能不被你们所进行的工作的实用性和重要性所震惊。在我这次旅行中的各种观感中，几乎没有什么可比上述的印象更深刻的了。我很幸运地得到你们提供给我的机会，到这里来做客，与你们打成一片；为此，我要再一次向你们表示感激之情。

1913 年 6 月

就刑事陪审工作而发的公开信

　　毫无疑问，陪审团在许多情况下都十分可耻地采取纵容罪恶的态度。他们都倾向于对所谓的因"情欲"而犯的罪行采取宽恕的态度；你们知道情欲这词的引申意义该有多宽。而情欲罪在陪审团的眼里就是不包括偷汽车在内的一切罪行。这一定义显然是过于浮泛了。

　　这种纵容罪恶的行为原因何在呢？首先，这是由于有例在先，即由于传统的势力。请注意省级的陪审团就比较严厉；只是巴黎的陪审团才惯于宽容因"情欲"而犯的罪行。因此，我们在这里面对着这样的事实：关键不在于陪审团的本质问题，而是它的大部分原因必须从当地的一些偶然性中去寻找。我认为情况是这样的，在某一段时间里，由于某些原因，一部分巴黎的陪审团表现了对某一类罪行的宽容态度。一种法制的审慎作风——假如我可以这么说的话——树立起来了；而且，今天还处于困境的陪审员会这么思忖：就在这同一审判大厅中，犯有同一性质罪行的其他一些人被宣告无罪，那么自己还能那么单纯地判定某人有罪吗？然而，假如一系列陪审团都倾向于执法森严；相反的传统便可建立起来。我敢肯定，只要在 6 个月内将许多起故意毁人容貌案犯——判罪，从此我们就可以将此类案犯全部判罪。

然而，人们不由地会产生这样的疑问：这种对"情欲"起因的罪行过于纵容的传统是怎样生根发芽的，它为什么会如此便当地持续下来？这里有必要对陪审员，尤其是巴黎的陪审员的心理做些分析。

首先，有一种观念仅仅经过十分困难的途径才进入陪审员们的脑海中，即：人类的正义毕竟首先是为了社会防卫的目的。假如有意地安排一个多少有点哲学思想的人来考虑上述的观念，他可以立即看出这种观念一点也吸引不了他的同事们。请告诉那些宣判杀人的人无罪的陪审员们：他们即将武装起另外的许多人；请告诉他们：他们的无罪裁决将判决无罪的人死刑，他们必须考虑到他们将要采取的决定的社会反响：你们将不会被人所理解，你们的话甚至不会有人去听了。

为什么？因为陪审员自以为权力在握。他不把他人放在眼里。他无须跟人讲道理。他没有严格的必要去仔细地推敲。他只要在自己的案卷上写下"是"或"不"，凭借这两个字，他就可以宣判人家无罪或有罪。这样他便产生了一种想法：他的任务就是凭自己意志的自由指令来决定谁对谁错。于是，他一厢情愿地将自己置于法律之上；只有他才能决定社会的利益应该如何。他说，他只要倾听自己的良知就可以了；而且，由于自信跟着自己的良知走，实际上他完全凭感情、凭不假思索的一时冲动行事。

这种冲动来自何方呢？在我看来，它特别是来自巴黎陪审员的凭空想象，我要称之为"舞台上的装腔作势"。不是偷汽车的罪行在陪审团的眼里就像是戏剧或小说里发生的事件一样。他们一厢情愿地将被告当作小说或戏剧中的人物，尽管其情欲导致一桩罪行的发生，仍然会对他表示同情。他们听不到枪声；他们也看不到流血。他们即使出现在引起真正的伤害的罪行的现场，也不认为这样就够了；显然，那种伤害还要更加严重，假如此后大家知道犯了这种罪行的人可以不受惩罚。

然而，这种冲动却被另一种趋势烘托得更加可爱动人，也特具巴黎风味。我非常惊讶地发现，当被告的雇主或以前的雇主向陪审员们陈情时，如声称被告过去是怎样好的一个工人或怎样勤快的一个雇员，以及怎样热爱和熟悉他的工作，等等，竟在陪审员那里千真万确地产生魔术般的效果。人们没有充分认识到，这些陈情是决定某些无罪宣判的原因。在世界上再也找不到像巴黎人那么努力工作和敬业的地方。我认为，陪审团有时似乎是从工作的角度才把情欲起因的罪行当作一桩偶然事件，甚至是如同小说中的梦幻描写一样——而每日的工作才算是现实。

你们可以看到，这一切都是从感情出发的；没有其他东西可以像感情那样与正义为敌。因此，陪审团的心理状态必须加以改造。这是可能的吗？

我认为这是可能的，而且做起来可能十分简单。当我们走进审判大厅时，我们一般熟视无睹那里所挂的一块广告牌，上面用大字写着这样的一句话（我仅凭记忆来引用）："陪审团成员在做出自己的判断前可以慎重地考虑和磋商。"可以慎重地考虑和磋商！你们可以相信，这句话是在鼓励陪审员在做出自己的裁决时既不要考虑到别人，也不要考虑到自己；所谓的"慎重地考虑和磋商"只是一种表面文章或走走形式；他可以出于冲动或感情立即投票表决。因此，首先要求摘下那块广告牌，或者在上面题写这样的一句话："陪审团成员必须慎重地考虑和磋商。"

现在我谈到了关键的问题。我希望每个陪审员都必须将法律作为约束自己的准绳，并向同事解释自己是怎么认识那一案件的和自己所投的那一票的道理何在。你们知道得很清楚：那些将以不正当的方式（即从感情出发）投票的人，会很好地考虑到他们如果那样投票是不可能说出道理来的。就是这样的一些人总想不做慎重的考虑和磋商。我们必须用法律阻止他们在思想上偷懒。而且，法律要让他们像其他人一样做出自己的解释。

这一小小的改革将带来另一革新。只有有领导的慎重地考虑和磋商，才是严肃的事情。实际上几乎都不属于这种情况。为命运所安排来当陪审团团长的人，可能没有能力来领导任何人。我希望团长是由他的同事们推选出来的，然后大家再对案件的裁决进行慎重地考虑和磋商。我倾向于认为进行选择一般来说会好一些。

你们会告诉我，头一个来到陪审团的人，可能说不清楚他怎样理解一桩案件，以及他为什么要投那个票。是的，我也与你们有同感。能够像我所建议的那样进行有效地改正的理由之一，就是所选择的人在陪审团名单上不是第一个注册的人。于是，在没有系统地排斥任何社会阶层的人进入陪审团的条件下，该团成员的聘任工作将变得更为严峻。

对这一状况，我还看不出有什么其他的矫正手段。有人说陪审团之所以对某些罪行作无罪判决，是担心某种的判罪量刑过重；也有人建议让陪审团与法庭结合起来一起确定所采取的刑罚。我不认为这样就能避免可耻的无罪判决。在目前的情况下，由于陪审团对主要问题可以加以否定，而对这样或那样的次要问题却予以认真地对待，因此它任意地将刑罚减轻到自己所高兴的最低限度是屡见不鲜的现象；实际上，它对罪行采取了听之任之的态度。因此，陪审团多数愿意采取无罪判决的做法，它还要继续采取这种做法，即使在原则上它负有量刑的责任。事实上，裁决的质量完全决定于陪审团的质量。因此，必须改善的地方就在陪审团那里：或者招聘素质较高的陪审员，或者强制他们努力提高自身的素质——最好是这两种手段双管齐下，因为有其一便须有其二。我们如果能够通过比较简单的手段或者许多不是那么激烈的变革办法来完成这一严峻的任务（指提高陪审团的素质——译者），我认为，我们的收获将是十分可观的。

我认为，如果有人将我向你们阐说的观念中的某些东西解释给他的陪审团同事们听，就可能在他们那里激起一种估计是对他不信任的情绪，他们也许对他会有所保留了。

1913 年 ①

---

① 本信摘引自《时代》（Le temps），1913 年 10 月 19 日。

当选道德与政治科学院主席的就职讲话

先生们:

首先让我感谢你们投给我的荣誉的一票，紧接着此事，请允许我表示对我们的主席选举机制的赞赏。我们不仅在从我们的成员之中选举一人为主席时使古老的政治公式："大家管理大家"增加了新意，而且还通过这类选举显示效果的可预见性并不妨碍原因的自由性，因为我们每人都在他的选票上写上一个人名，这个人既是在数学上预定的，又是各人自愿选取的。因此，这一选举机制在本院同时为法规部和哲学部效力。

只是，我已经拖到现在还没有用大家的名义向已经幸运地实现了他的理想的主席表示感谢；他的理想也已在他刚才的小结中表述过了。他的任务是那么繁重！死亡严酷地出现于我们的行列以及与我们有联系和有通信关系的行列。他不仅以科学院的名义向我们所失去的每位同志致哀和道别，而且以我们所应有的尊崇之意将已故的诸同志的事迹提供给某位认真、有眼光的史家(尽管我们还不知道其名字)。他给我们树立了好榜样，我强烈地希望追随这一榜样。

现在我要感谢另一位同事，我以前得益于他，今后还将得益于他。在去年的工作中，大家呼吁过两三次让我代替我们的主席，我心里有些害怕。然而，现在这个时机到了，所有要说的话和所有要做的事，都像微风般吹进我的耳朵——这么轻柔和不着痕迹地吹来，在我天真的心田里，总以为只有一种内在的声音才能给我这么适当的鼓励。假如你们中间有人就在这个时候问我：我为什么能够如此安详地坐在这张安乐椅上，就像找到了休息的好去处？我将指给他看我们所敬爱的终身书记，并且用维吉尔《牧歌》中的那个牧羊人的诗句来回答他：

> 梅利伯啊，一位神祇给了我这个方便，
> 我将永远以他为神来供奉……①

说实在的，我们的会议的方针容易制定。当然，我们的规定能否得到赞同，尚难逆料。主席能够使用的唯一武器是他的手铃；当他摇铃的时候，我们仍然过分倾向于认为他服从于纯音乐层面的考虑。但是，为什么这种命令（指铃声——译者）本身不能在所有成员都以相互之间的尊重和同情的心态聚会时起到统制的作用呢？因为，正是彼此的尊重与同情的双重联系才使得我们随着每两周的集会中相互的进一步理解而更加紧密地团结起来，这不是任何的命令所能代替的。感谢上帝的保佑，

---

① 原文为拉丁文，这里采用了杨宪益先生的译文，梅利伯是另一个牧羊人的名字。作者维吉尔，（前70—前19），古罗马诗人。

亲切敦厚的古老传统还在几个科学院中保留下来。其根源在我们这个科学院中要算最为深远的了。我们院内各分部所从事的研究工作可能存在着巨大的分野,但这些分野仅仅因为它们是互补的。我们需要彼此的配合,缺一不可。不管是历史学家、经济学家、法学家,还是道德学家、哲学家,我们都为了同一目标而工作,即进行人的研究,研究个体生活和社会生活中的人。这便是为什么我们彼此之间能够这么好地相互理解;这也说明为什么我们越是深入地钻研某些专业的科学门类,我们之间的关系也会变得越为亲近。当我们面对的是物质科学,我们的智力便外在于自己的客体,因此必须从外面以或稍大或稍小的间距来观察它;相反的,如果所涉及的是人的道德以至于"社会人"本身,意识一下子就把我们置于中心的位置,那是处于人类的两种精神状态之间。不同的道德科学,像几条大马路一样,就从这个中心出发。因此,统一性在这里是一种实在的出发点,而不像在物质科学中,它只是为无限遥远的未来而提出的一种理想,处于虚拟状态之中。

此外,道德科学和政治科学从来也没有像如今这样迫切地需要相互的支持;人类也从来没有像如今那么寄希望于上述的一些科学。现代科学从它们产生的那天开始,便将主要的努力放在数学、力学、天文学、物理学、化学和生物学上:相继3个世纪的理论发现,使我们深入地了解了物质的秘密。接踵而来的这些科学的应用：各种发明加入到那些科学发现中来；在不到100年内，人类在这个方向所取得的进步，超过了自它起源以来的所有的成就。在上一个世纪，人类在生产工具上所作的改进和完善，是以前数千年的努力都没有达到的。如果有人认为每一件新工具或每一台新机器对于我们来说都是一个新的器官（从语源学上说，一个"器官"难道不就是一种有力的工具吗？），那么我们可以看到人的身体在这段短短的时间间隔中的的确确已经长大了许多。然而，人的精神——我说的既是个人的精神，也是社会的精神——是否与此同时也已获得所必须的额外的力量，以便驾驭那个骤然间膨胀起来的身体呢？而我们今天所面临的许多可怕的问题，难道大部分不就是产生于这种灵肉的比例失调之中吗？重建两者的平衡的任务正落在我们的各门科学中，落在道德科学中。这个任务既是巨大的，又是美好的，人类的未来大概就决定于究竟以怎样的方式和程度来完成这个任务上。

不过，假如我把这篇讲话再延长下去，那就意味着我在就职时滥用了职权。而且，我应该抓紧时间去完成一件十分惬意的任务，那就是将大家所尊重和爱戴的，并已当选为副主席的这位同事招呼到办公室来共商院务。他的权威，加上他流利的口才和机敏的头脑，可以使我们的集会更加迅捷有效。为什么他就不能立即来指导我们的一些辩论会呢？如果在我们的座谈会中，我有的时候注意力分散，如果像刚才有人所说的那样，我似乎沉湎于某一形而上学的问题，那便是因为我在寻思：为什么不是里保（Ribot）先生占据这张主席座椅呢？我们只好说，这里是偶然性在作怪。

1914 年 1 月 10 日 [①]

---

① 原载于《道德与政治科学院年鉴》，1914 年，181 卷，第 130 页。

推荐费诺的著作《进步和幸福》

致 道德与政治科学院 [①]

我很荣幸地以《进步和幸福》(两卷本)的著者 J. 费诺(Finot)的名义向贵院介绍这一著作。此书深入而且深刻地探讨了幸福的诸种条件,同时有力地肯定了进步的现实。

作者认为,哲学首要地是生活(生命)的科学:"哲学家不是远远地孤立于他的同时代人之外,而必须与他们亲近,关心和思考他们的悲哀,他们的欢乐和他们的苦痛。"为此,他并不放弃一些形而上学的大问题;然而,他又将解决这些问题的根本办法归属于实践:他的全部努力集中于建立一整套可向人们提供某种行为准则的理论主张,这种理论主张还可以作为人们的生活支柱。这样一来,他的哲学便可告诉我们在生活中应尽什么责任,也可告诉我们:幸福究竟藏在何方。

根据费诺的理论,幸福与责任从本质上说彼此并无区别。该书第一卷的大部分篇幅用于研究古今哲学家所提出的不同的

---

① 原载于《道德与政治科学院年鉴》,1914年,第182卷,第448页。

道德系统。作者将这些道德系统区分为两类：一类将幸福与责任对立起来，另一类相反地认为幸福理所当然是安排给我们努力的目标。他批评第一类的幸福观纯系精神性的建构，将幸福放在现实条件之外，没有考虑到幸福与生活的紧密联系。对于古代的道德学家所提出的第二类的理论主张，作者则乐意与之同伍，条件是同意这种主张的那些哲学家不要经常迷失方向，不要将幸福的观念狭隘化，不要将幸福等同于简单的快乐（指生理上的快感——译者）。

幸福观念有很广泛的引申意义，对此我们不能不认真地看待；幸福还有它自己真正崇高的位置，那也是不能掉以轻心或将之胡乱安放的：我们会发现幸福只能与道德性结伴同行。经验就在那里，在眼前，它会告诉我们："保持住善良与爱心，誓为他人幸福的源泉，躬行此志者必定先期获得幸福。只有通过利在他人的努力所取得的财富，才能产生持久的满足感。基于爱和相互尊重的家庭生活，可以给它的成员带来最大的好处。无论从哪里都可以给我们带来这同一的教诲：若置邻人的幸福于不顾，我们就不可能享有正当而持久的幸福。"

于是，责任的问题便与幸福的问题纠缠在一起。然而，不要认为后一个问题容易解决一些。如果只涉及简单的快乐，我们的本能就可以作为这方面的向导；然而，幸福与简单的快乐全然不同。幸福必须由智力和意愿两者携手共创。人间存在着一门幸福的科学，该书第二卷便用于钻研这门科学，这是费诺先生这部著作中最富有创造性的部分。

在这里简述这一部分的内容是不在话下的。不过，我们仅限于撮要地举出也许会启发和激励这位幸福论者写下此书的某些思想观念。首先，我们的幸福要比我们所主观地估量的更贴近我们的心灵。最经常的情况是这样的：幸福就在那里，但我们看不见、摸不着，因为我们与幸福之间隔着我们对事物的价值的错误判断。我们可以从诸如周围环境中获得这类错误判断。为了幸福起见，我们要做的第一件事就是抛弃它们。作者写道："一旦领会到不靠错误的见解过日子这一准则对于幸福与否所具有的重要意义，不亚于不拿掺假的食品填饱肚子，人类便实现了他自身最美好的革新项目之一。"

首先，在错误的见解中存在着我们趋之若鹜的一种观念，这种观念认为某种事物之所以使我们感到幸福，是因为它可以使我们对它产生更进一步的欲望。作者指出："从儿童开始，人们就反复地向我们灌输这样的欲望的观念：想要什么，表露出来吧！我们整个的现代教育事业都被需求什么……所腐蚀。当人们考虑到国家那么关注于创造和支持人们的欲望时，就不禁会相信欲望涉及一种主要的德行。民主制度本身不停地制造和累积的种种（欲望的）名堂和装潢，都可以说明人类怎样努力地增加他们的悲情……在我们想要在我们之间创造某种欲望之

224

时，我们就把我们自我的幸福委托给别人来照料……我们依赖于别人的想象。"

另一种错误观念则认为苦痛总归是一种环事。实际上，轻微程度的苦痛是幸福的促进剂。苦痛可以增进人的修能，没有它，便没有真正的幸福。还有一种错误是认贫穷为坏事。我们不应该将贫穷与悲惨混淆起来。悲惨的情状意味着被剥夺了必需的生活资料，可能在不久的一天就要从人世消失；而贫穷则是难免的现象，因为总归有人要富裕一些：穷人只是与那些比自己占有更多东西的富人相比较而言的。

当我们将以上那些以及许多其他的错误的见解通通抛弃掉之后，我们终于会发现"怎样才是幸福？"这个问题常常可以转化为另一个问题："怎样择善而行？"因为真正的幸福是善行所带来的愉悦。因此，让我们自己学习并教给人家如何从善吧。是否要在各个中学增设如何从善的课程呢？这个想法似乎是一种悖论；然而，今天的悖论，常常就是明天的真理。

我们还要说，感情在一般情况下是幸福的一个源泉：友谊，对家庭、对父母、对人类的爱，便是如此。

然而，最重要的是，我们要有幸福的意愿，而且为此我们每天都要清算一下自己的生活。书中这样写道："我们生活中的种种事件，如果未经反思，便完全不属于我们所有。它们从我们的心灵上流过，如同水流经过礁石一般。为了享受自己的幸福，你必须在它经过你的身边时及时抓住它。我们常常埋怨自己生命期限的短暂：何不驻足观赏它的表演，那样我们就加大了生命的稠度……我们必须亲自观看自己的生活，只有如此，我们才会更加热爱它。"

以上的看法，固然略带一些偶然的因素，却是费诺先生为幸福，同时也为道德性，设置的一些条件。他所理解的这种幸福和道德性是否前进在历史的潮流中呢？作者深信这点；而且在该书最为引人入胜的数章中，他还增加不少东西来支持这个论题。他认为，我们比以前幸福，那是因为我们比以前更好一些；还引了古代的箴言"爱你的邻人像爱你自己一样"，并加以引申和发挥。他认为，今天比任何时候都更讲慈善，更讲同情心，也更讲正义。这是因为我们更加向望得到这些东西，还因为我们现在努力要把过去仅限于在梦中作为理想的东西付诸实践，正是因为如此，我们才如此严格地要求我们的时代，我们中间的许多人甚至达到否定道德的进步。

正像我们所看到的那样，费诺先生这一著作很出色地综合了前人的有关论断，给我们提出了他的乐观主义的公式；他的乐观主义，正如他自己所说的，与那种认为一切早已注定都会好起来的懒惰和幼稚的乐观主义毫无共同之处：前者是积极的、永不自满的和满载着一切进步的乐观主义。让我们再做一补充：这是建立在坚实的理性和对现实的直观的基础上的乐观主义——所谓的直观，就是排除了所有现成的观念以及通常插进事物与我们之间的各种偏见。在以前形而上学的抽象演绎（它常常基于先验的冥思苦想）与道德家的纯经验主义（它坚持进行仔细的观察）之间存在着一种比前者更普遍比后者更具体的认识方式，那是完全的哲学式的认识，但不是试图拥抱全部的实在，而是集中其注意力于人类的活动。费诺先生便与后面这种哲学有联系。我们认为此书既有丰富的事实与观念，又在细节与总体观点上极具教益，其全部的价值和贡献难以在此一一表述。

1914 年 6 月 27 日

关于"时延"与"意识流"的关系

答 R.M. 卡伦 [1]

您没有想到詹姆斯（威廉）与我之间的距离并不十分大。您有理由认定詹姆斯过去是形而上学中的民主派，但您既把他太远地推向无政府主义（从多样性的角度来看），也把我太远地推向君权主义（从统一性的角度来看）。不过，您完全有理由说我比谁都更接近于传统的形而上学。您猜测到我同情于柏拉图，但我并没有特地拉长古代人的永久性的期限。相反的，我认为古代哲学的永久性已经从它不断增长、丰富和创新的巅峰时期下落。此外，说我像传统的形而上学所要求的那样，重新认识了区别于表面现象的某种绝对现实的存在，那是不确切的。相反的，根据我的理论主张，我们可以察觉到的一切都是绝对现实，只是我们必须不断地进一步完成这种现实。最后，说我根据同

---

① 这封答 R.M.卡伦（Kallen）的公开信最初刊载于《哲学杂志》（英文），1915 年 10 月 28 日，第 615 页；后被 Riley 的文章《柏格森主义在美国》所摘引，载于《哲学杂志》（法文），1921 年，第 92—93 页；P.Descoqs 也摘用过，见《Pro.theolog.natur.》，T.I，P. 397。

一的传统方法在多样性之前假设了一种统一性，也是不确切的。相反的，我认为统一性与多样性都只是对不分彼此地参与着两者的客体所采取的观点，亦即我所称谓的质的多样性，或者相互渗透的多样性，或者变化。

......

毋庸置疑，詹姆斯已经通过纯粹的心理学方法达到建构他的"意识流"理论的目标。也可以肯定地说，我是通过对时间的数学和物理观念的批判，并且通过对这一观念与实在（现实）的比较，才导致我的"实在的时延"这一理论主张的出场。"时延"与"意识流"这两种理论的不同的作用，可以从它们不同的来源中找到答案。"思想流"更加具有心理学的解释力量，而"时延"则主要具有语源学的或者你也可以说是形而上学的解释力量。然而在这两种不同的观察方法中并不存在着对立的关系；勿宁说，它们之间存在着"先定的和谐"的关系。

1915 年

关于直觉、本能与理智等概念的商讨

致　H.赫福定 [①]

……首先我必须告诉您，能够以如此专注和深入的方式与您讨论我的著作，我的内心是多么地感激您。没有其他人能够像您那样给予我这么大的荣耀。即使是在您批评我的观点的地方，大家也可以看到您的目的首先在于以一种绝对不偏不倚的态度来评述我的观点。您的讨论问题的方法，与人们那么经常地使用来对付我的方法毫无共同之处：他们的伎俩之一是强加给我这样或那样的诡异的观念，接着再毫不费力地予以驳斥。

然而，要让一个原创性的思想者完全投合于别人的观点，是不可能的。因此，您大概不会惊讶，如果我告诉您：在您对我的观念所做的概述中，没有任何一章我会完全同意，从而也

---

① 此信引自 H.赫福定（Höffding）的著作《柏格森的哲学》，巴黎，1916年，第157—165页。赫福定（1843~1931）：丹麦哲学家，还著有《基于经验的心理学概要》（1882）、《哲学的相对性》等，兼有实证主义与相对主义的观点。

没有任何有关的批评会使我感到是对准我所说的东西，至少不能说是对准我所想的东西（因为我们从来就不能肯定我们所想的东西会真正地体现于我们的语言之中）。就是因为这个缘故，我没有在细节上与您完全合拍；我将某些批评当作附属性的内容搁在一边，例如，您的书中从第68页开始的有关意识与肉体的关系一节就是如此，我认为每一种意识状态都伴随着一种动力，而记忆这一方面则作为动力的惯性而储存于肉体中；第153页有关上帝的问题一节也是如此，这个问题我没有在我的著作中真正地触及；我认为它与我多年来潜心研究的道德问题是分不开的；您所引用的《创造的进化》中的几行文字只是投石问路（此处最后四个字直译为建筑中的"待接石"，即留待以后扩建用的东西——译者）而已；还有一例在第148页，您认为我将哲学与艺术同一起来，我不可能同意这种同一，因为：（1）艺术只涉及有生命力的或"气韵生动"之物，而且只诉诸直觉，而哲学在深入探讨精神世界的同时，还必须考虑到物质世界，因此它既诉诸理智又诉诸直觉（尽管直觉是哲学的特殊工具）；（2）哲学的直觉固然与艺术的直觉处于同一方向，但前者要走得更远：它在生发开来，形成种种形象之前，先抓住至关重要的因素，而艺术的直觉只涉及形象。不过，我要将所有这些暂时搁在一边，这样我便接触到了本质的东西。

照我的看法，对我的观点的简述总的来说都有歪曲的地方，由此将引起一系列的反对意见，因为最关键的失误在于没有一往直前地直达我的核心的理论主张：对时延的直觉。再现"相互渗透"的多样性（完全不同于数目的多样性），也就是再现异质的、质的和创造的时延，是我的出发点和永久的归宿。它要求巨大的精神力量和新的思想方法（因为直接的东西远不是那么容易直观的）；然而，一旦我们实现了上述的再现，并且在它的简单的形式下占有它（不要将此与概念的重组相混淆），我们会自觉必须更改自己对实在的看法；我们会看到最巨大的一些困难就产生于哲学家们总是将时间与空间放在同一条线上：这些困难大部分可以自行缓解或继续增长。对于直觉的理论，您要比对于时延的理论更加坚持一些，前者在我看来只有在认识以下的情况之后的相当长的时间里才脱颖而出：直觉的理论来源于自身，并且只能被自身所理解。这就是为什么这种直觉在您所列举的四种定义中没有一种说准的缘故①。它可能承认一系列连续的计划；但在最后也是最主要的那个计划上，它是对时延的直觉。

您的书中涉及这种直觉和这种时延的部分，还有其他许多内容我想与您商榷。我认为，如果人们考虑到我所理解的时延，他们就会在《创造的进化》的"生机论"（vitalisme）中发现比

---

① 见 H．赫福定：《柏格森的哲学》，巴黎，1916年，第54页及其后。

您所说的更精确和更有说服力的某些东西。[1]我之所以反对生物学上的机械论，主要理由是它没有解释生命是如何历史地展开的，也就是说它没有说明，生命总是表现为毫不重复的延续关系，而且在这种延续关系中每个时刻都是独一无二的，其中都带有全部过去的进化情况的反映。这种想法我开始于发现自己对某些生物学家有一定的好感之时；而一般生物学家在"生机论"方面对他们又极其反感，因为前者从中看不到"令人叹为观止的惊人的表现"。一般来说，那些回到对时延的直觉的立场上的人，是决不会再相信普遍流行的机械论了；因为在机械论的假说中，实在的时间变成了无用的、甚至是不可能存在的东西。然而，时延对于那些重新回到这一立场上的人来说，却是最无可争辩的事实。因此，我才说时延给我们提供了一种特定的经验性的根据来反驳机械论哲学。

此外，您就直觉、本能和理智所作的评述[2]，忽略了这样的事实：根据我的提法，实际的认识其实是对自在的实在，[3]即"绝对的实在"的认识。因此，对无生命的物质具有支配作用的理智，绝对能够(尽管不是全面地)认识这种物质。同样地，原本在于利用生命的存在而起作用的本能，绝对能够从内部

---

① H. 见赫福定：《柏格森的哲学》，第 92 页。

② 见赫福定：《柏格森的哲学》，第 42 页及其下文。

③ 柏格森认为自在的 (en soi)"实在"(réalité，也译为"现实")只停留在它自己的领域内。

（尽管不是全面地，而且近于不自觉地）认识生命。因此，人的直觉便以反思的形式延伸、发展和转换存在于人身上的本能，并且可以越来越全面地拥抱和掌握生命的奥秘。无论是理性认识，还是直觉认识，只要该认识能力用非其所（即并非它原定要认识的东西——译者），都会变成相对的认识。当我们这样地认识生命时，毕竟只打算赋予自己以概念式的理智（属于机械论范畴）；而且，往昔这还是从生命的世界抽取各种形象来反映物质本性的万物有生论（或称物活论——译者）。

　　我的这封信已经够长了；假如我要将您的书中对我有启发的东西都写出来，那么我还要大大地拖长这封信。我认为，假如我能与您当面聊聊，并且撇开一切的误解，我便可以同时撇开对我的大部分的批评和反对的意见。我希望您能提供给我这样的机会。我们过去在一起的谈话至今还留给我难以言状的亲切和生动的记忆。我们必须想法在未来的某一天重新会晤一下。当我们都将找到必要的安静环境来进行哲学沉思时，您不会就此不再回到法国吧？此时法国正进行一场辩论，旨在争取正义，争取对个人的权利和对各民族（不管其大小）的权利的尊重。因此，她在这场战争中，不带有任何利己主义的动机和野心，也不带有物质利益的考虑，而是只服务于思想观念的目的；

正是这些思想观念使她总是表现得兢兢业业，勇于奉献；同时，它们也构成了她的伟大。

　　我要再一次地感谢您，并请您，先生和非常尊敬的同事，接受我衷心的最崇高的敬意。

1916 年

理智在哲学中的地位

致 A. 珀蒂 [①]

先生：

因忙于种种事务，且当出访之际，我不能用短短的几句话说出我看过您的引人注目的研究著作之后的愉快心情。这一著作以十分友好的口吻，甚至是过奖的言辞，评论了我所做的一些研究，但不足之处在于难以从中很好地抓住总体方向和精神实质。假如要让我对它进行一些批评，那么我就要针对您对我所提出的理智的作用的解释方面。我不至于将理智排除在形而上学之外，也不会在哲学的领域中将理智作为形而上学的错误根源：理智在哲学中，甚至在形而上学中，都有它的地位，这只是因为我们不通过理智的滤网便几乎不可能表达我们的思想。此外，在物质的领域，理智可以达到绝对的阈限。而且，在其他各处，理智是以下面这种方式接近真理的：精神性的东西在那里可以移置于空间之中。因此，我建议，如果您要发表这一

————————

① 摘自 A. 珀蒂（Petit）的《柏格森和唯理主义》，布拉格，1921 年。

著作，需在有关理智的某些段落上做些修改。我认为您最好还要删去卷头语，它除了过于严肃一些之外，还可能造成不准确的总体印象，人家会以为您的著作是论战性的，其实它更多地属于较高层次的学术著作。

最使我感到惊奇的是关于习惯的问题这一段落，您认为它来自于理智，而且通过"无"来思考存在（即"有"——译者）。这种观念在您所赋予的形式下，显得特别突出。

请接受我对您这一著作赞美之情以及我的衷心的敬意。

1917年1月27日，巴黎

别太看重"神秘经验"

致 阿尔弗勒·卢瓦齐 [①]

在这里，原以为你我所觉察的分歧，可能要在其他方面更集中地表现出来。它完全是由于您把"神秘经验"看得过于重要，但在我的方面，就不是这样；我比您更多地强调道德和宗教方面的形而上学基础。

1917 年 7 月 20 日

[①] 摘自阿尔弗勒·卢瓦齐（Alfred Loisy）：《供当代宗教史录用的回忆录》，1931 年，卷 3，第 348 页，Emile Nourry。

被接纳为法兰西科学院院士的讲话

先生们：

　　首先让我以最朴素的语言说出我此时的感受：非常感谢科学院接纳了我，对于这一殊誉深感受之有愧。我知道有许多人在登上这同一位置时所说的同一腔调的话；而且人们有时还责怪他们明知不够格还自荐给你们挑选。这种大胆的尝试可能并不显得那么过分，因为不慎重的企求还要经受久久不决的结果的考验。但是，既然你们宽容地接受了这样的请求，它的合法性的问题便自然而然地摆到桌面上来，而且结果所带有的疑问，也必然会回返到原因上来，因此，假如你们给我空暇让我去思考这个问题，我今天是否也要为我的鲁莽的请求而尴尬呢？然而，你们却要求被选上的新成员把注意力投向一个更高的目标：你们要求他去研究他的前任，去鉴赏一部著作，一个人生，去拾起他这块石头（不管那外形有多难看）砌在你们已竖立 3 个世纪之久的、代表着法兰西光荣的文学传统的纪念碑上（指 1634 年大主教兼首相黎世留发起、1635 年路易十三国王正式批准建立的这个法兰西科学院；当时的"文学之士"多与政法等国务结下不解之缘——译者）。你们可能不知道，就在他起步之时，你们强加给他怎样的一种可怕的考验！……

1918 年 1 月 24 日 ①

---

① 在奥列维尔（E.Ollivier，1825—1913）院士去世多年后，柏格森被选举为院士，顶替这一长期的空缺。原谈话稿长达 24 页，这里略去对政治家奥列维尔生平的综述，主要选译柏格森的感言。

理智与直觉的区别

致　雅克·谢瓦利耶 ①

　　……虚假的思想总是自动地让位于真实的思想，条件是后者要足够清楚、明白地表露出来：真理的内部都存在一股力量……

　　……沿途所搜集到的结果，彼此之间不断地相互校正，相互补允……

　　……您凭借很充分的理由论说：我从自己第一部论著（指《论意识的直接条件》——译者）开始，就一直在阐发一种与康德背道而驰的、特别敏感的直觉哲学。我所采用的"理智"（intelligence）一词，其含义要比康德所用的这个词的含义要广，因此，或许我可以将"智力"（intellectuelle）称为我所说的直觉。但我更倾向于称之为"超智力"，因为我认为必须对"理智"一词的含义予以限制，而且我把这个词的用法归于内心的推论能

---

　　①　摘自雅克·谢瓦利耶（Jacques Chevalier）：《柏格森》，Plon，1926年，第101—296页。

力的范畴，推论能力原本旨在对物质的思考。直觉则直接面对内心。

1920 年 4 月 28 日

关于相对论的讲话

柏格森：我是来听会的。我本没有打算在这里发言。但在哲学学会好意的坚持下，我让步了。

我一开始就要说，我相当佩服爱因斯坦先生的那部著作[①]。在我看来，它既是写给科学家看的，也是写给哲学家看的。我不仅认为这是新物理学，而且从某些方面来看，这还是新的思想方法。

这一著作的全面深化的性质必定很自然地既表现于广义相对论，也表现于狭义相对论，既表现于空间问题，也表现于时间问题。因为必须对此做出选择，所以我就选取了特别使我感兴趣的时间问题。又因为不应该只谈时间而不考虑时辰，而且时辰又是向前移动的，所以我只能限于简括地指出其中的一二点。我可能不得不把主要的东西撇在一边。

人们通常有这样的共感或信念，即认为时间是独一无二的，

———————

① 爱因斯坦（A.Einstein，1879—1955）：德国物理学家。1900年归化于瑞士，1940年又落籍于美国。1916年发表《狭义相对论和广义相对论的基础》，1921年发表《乙醚与相对论》《相对论的四篇讲稿》等。

对于所有的生物和所有的东西都是一样的。这种共感或信念究竟来自何处呢？我们每人都感觉到自己在延续，我称之为"时延"（durée）：这种时延就是我们内部生命的流动，它是连续且不可分割的。但是，我们的内部生命包含着种种的知觉，这些知觉在我们看来既有我们自己也有外部的事物参与其中。因此，我们都将我们的时延扩展到我们周围与我们有直接联系的物质那里。而且，由于我们的周围环境本身也被其他东西环绕着，这样一环扣着一环地无限地扩展开来，不能不使我们做这样的思考：没有理由认为我们的时延也许并不就是一切事物的时延。这就是我们每个人在模糊的心态下（我甚至要说，在无意识的状态下）所总结出来的道理。当我们清晰而准确地将之引入高层次的思维之中时，我们就会发现，在人们可能要称之为我们的外部知觉境域那里，存在着一种意识，其知觉范围全部或部分地侵占了我们的知觉范围；接着，我们还会发现，在这种意识及其知觉范围那里，存在着另一种意识，后者以类似的方式处于与前一种意识毗邻的关系之中；上述的情况就是如此地延续下去，以至于无穷。由于上述的所有意识都是人的意识，所以我们似乎便生活在相同的时延里。他们（指具有那些意识的人们——译者）的一切外部经验就这样地展现于同一时间里。由于所有这些经验都彼此侵占或重叠，从而双双形成一种共同体，因此我们终于给自己提供一种独一无二的经验，它占有着独一无二的时间。既然如此，我们如果愿意的话，就可以消除那些我们已经与之越来越疏远的意识，就像在我们的思维活动中总是一个"驿站"接着一个"驿站"地飞奔过去一样：于是，世上只存在万物都在其中运行的非个人化的时间。这就是以更精密的形式出现的与上相同的道理。而且，不管我们是停留于模糊的认识之中，还是寻找精密的表现形式，在这两种情况中，有关普遍存在的与我们的意识和外界事物共有的时间的观念，都只是一种简单的假设。

但是，我认为这是人们所创立的一种假设（假说），它与相对论相当合拍。这点我不可能在这里加以演示。首先这里必须十分仔细地研究许多东西，例如，我不久前所探讨的实在的时延和可以计量的时间等。接着还要一一弄清进入罗伦兹（Lorentz）公式的条件，并且找出其具体的含义。这样人们便会发现，成为相对论中重要问题的多种时间，远远不能根据同一层次的实在来全部认定。随着人们在这一研究领域中的进展，我们可以看到相对论者的概念（它与科学观点相符）和共有的（时间）感觉的概念（它大体上转译了直觉或意识的材料）实际上是相互补充和相互支持的。与此同时，我们确实还必须消除一种十分严重的混淆，现在广泛被接受的一些对相对论的解释，就认为相对论的悖论形式来自于这种混淆。所有这些都使我们离题太远了。

但我请求你们允许我为了同时性这一特殊的情况而将一般的时间至少弄得隐约可辨一些，尽管在这一方面我不可能有所建树。这里，人们不难看到相对论的观点并不排斥直觉的观点，前者甚至还必须牵涉到后者。

人们通常如何理解两个事件的同时性呢？为了简单起见，我将考虑并不延续的两个事件的状况，它们本身不会成为"剪不断、理还乱"的潜流。这一前提确定下来之后，同时性显然便牵涉到两件东西：（1）瞬间的知觉；（2）为了引起我们的注意，出现共有而不是均分的可能性。我一时睁开眼睛，便看见从两点射出的两道稍瞬即逝的闪光。我说它们是同时发生的，理由是它们同时既是一又是二：说它们是一，因为我的注意行为是不可分的；说它们是二，因为我的注意力仍可以在它们两者之间做出区别，而不是分裂为二。注意行为怎么可能随你的意愿突然间既是一又是多呢？一只训练有素的耳朵为什么在每个时刻都能听出管弦乐的混合之声，然而，高兴的话，为什么同时又能分辨出两种或许多乐器所奏出的音符呢？我不打算对此做出解释；这是心理生活的一种秘密。我只是这样地认为，并且提请大家注意：在宣称许多乐器同时发出那些音符时，我们要表达的是：（1）我们具有瞬间的总体知觉的能力；（2）这个总体，我们想要让它不可分割，它就是不可分割的，想要让它可分，它又是可分的：我们具有独一无二的知觉，但同时又具有许多知觉。这就是同时性这个词的通常含义。它是直觉地产生的。就它不依赖于任何的数学转换公式和任何的物理运作方式（如钟表的调节方式）而言，同时性又是绝对的。我不否认，同时性只有在邻近的两个事件之间出现才能做出这样的判断。但是，只要我们愿意，常识可以延伸到彼此相距很远的一些事件那里。这是因为这种常识本能地认为，距离不是绝对的，根据观点、比较方式和知觉工具或器官的不同，距离可"远"可"近"。一个眼光远大的超人可以看到"相距非常远"的两个瞬间发生的事件的同时性，而我们只能看到"邻近的"两个事件的同时发生。当我们谈到绝对的同时性时，也就是说让我们面对宇宙中瞬时发生的、相距要多远有多远的一些事件的同时性时，我们思想上就是采用这种超人的意识，它与万物的总体性是同外延的。

现在我们可以无可争议地说，相对论所定义的同时性完全属于另一层次。相距或近或远的、属于同一系统 S 的两个事件，当它们在同一时刻（即相应于分别为各个事件计时的装置的某一相同的刻度）完成了自己整个的活动过程，于是便被称为"同时发生"（即同时性——译者）。而这两个计时装置已经通过视觉信号的交流来彼此校正（通常较多采用电磁的方式），并假定这种信号的行程是相同的。毫无疑问、如果有人处在这个系统中保持不动的内部观察者的视点,情况肯定如同以上所述。然而,另外一个系统 S'上的内部观察者，在相对于系统 S 而作运动时，就会将自己的系统当作参考系统，从而认为它是静止的，于是看到前面一个系统（S）处于运动状态中。对于他来说，在 S 系统的两台计时装置上来回运动的信号，一般来说它们的行程就不一样；其结果便是，在他看来，S 系统上的一些事件不是在两个计时装置的同一刻度上发生的，因此也就不具有同时性，而是连续发生的。假如有人从这个侧面来看待同时性——相对论就是这样做——显然同时性便不是绝对的，而情况相同的一些事件，究竟是同时发生的，还是连续发生的，端赖观察者的视点而定。

然而，当我们提出同时性的这第二个定义时，难道就不应该接受前面的第一个定义吗？难道我们不是默认两者的并存吗？把我们要进行比较的两个事件称为 E 和 E'，H 和 H'则是分别地放置于这两个事件旁边的计时装置，当 H 和 H'都指示出同一时刻时，便说明存在着第二个含义的同时性；这时，它是相对的，因为它依赖于两个计时装置彼此间是如何校准的。但是，如果在 H 和 H'两个计时装置的指针之间确实存在准确的同时性，在 H 计时装置的指针与 E 事件之间，以及 H'计时装置的指针与 E'事件之间，是否同样存在着这种同时性呢？显然并非如此。在事件与计时装置的指针之间的同时性是由将它们结合在不可分的一种行为上的知觉提出的；它不依赖于任何计时装置的调节，而主要包含在这一事实中：这个行为是否随观察者的意愿既可被看作一也可被看作二。假如这种含义的同时性并不存在，计时装置在那里便毫无用处。人们将不去制造计时装置，或者至少没有人去买它们。因为人们买它们只是为了知道现在是什么时辰了；而"知道现在是什么时辰"意味着要确定时钟的指示与他们所在的那个瞬间所发生的事件的对应关系，而不是要确定这台时钟与那台时钟各自指示之间的相互关系，因为时钟的指示与事物毕竟不是一回事。

你们可能要对我说，在任意的一个事件与指示这一特定的事件的时钟之间通过直觉确定的同时性，是邻近的、十分邻近的两个事件之间的同时性，而你们所关心的同时性，一般来说是彼此距离甚远的一些事件之间的同时性。但是，还要追问一下，怎样的距离算邻近，最远的距离可达多少？假如将有知觉的一些微生物分别放置于 E 和 H 两点，它们会发现你们称为"邻近的"时钟与某事件之间的距离远得不得了。如果制造微生物用的一些时钟，它们大概也是通过视觉信号的交流而取得同步性的。当你们对那些微生物说：单纯地凭你们的眼睛就可以轻易地确定事件 E 与时钟的指示 H 之间的同时性，因为它们两者是"邻近的"，微生物们一定会这样地回你们："哎哟，不对！这事我们不这么看。爱因斯坦先生，我们比您更爱因斯坦。假如将我们微生物用的两个时钟分别放在事件 E 与你们人类的时钟的指示H的旁边，并在同一个时刻开始计时，那么在事件 E 与那一时钟的指示 H 之间将不存在同时性；这一同时性对于我们系统的一个外部观察者来说可能成为连续性，它将毫无直觉的或绝对的意味。"

此外，我对你们的同时性的定义没有提出任何的反对意见，而且总的来说也不反对相对论。我刚刚提出的那些看法（更准确地说是简略的意见，因为如要以严密的形式表达出来，那就要深深地钻入到那些物理现象中去），具有另外一个目的。我想要说明的仅仅是这样的一个事实：一旦将相对论作为物理学理论接受下来，事情到此并没有完结。我们还要弄清由相对论所引入的一些概念的哲学含义。我们还要探讨相对论排斥直觉到什么程度，与直觉保持联系又到什么程度。我们还要考虑到在相对论所取得的结果中，更准确地说是相对论在问题的提出与解决之间所建立的中介环节中，有着现实和惯例的作用因素。我认为，在将这方面的工作与有关时间的研究联系起来时，人们将看到，相对论与作为常识的一些观念没有什么冲突。

爱因斯坦先生：因此，问题就在于这里、哲学家的时间是否与物理学家的时间一样呢？我认为，哲学家的时间既是心理时间，也是物理时间；然而，物理时间可以从意识的时间中引出。个人原来都有知觉的同时性概念；因此他们能够相互理解并就他们所知觉的事物交换看法；这样他们才能达到对客观现实的把握的初级阶段。然而，种种客观事件是不依赖于个人的，人们是从知觉的同时性过渡到事件本身的同时性。事实上，由于光的传播速度太快，这种同时性长期以来并没有导致任何的矛盾的产生。因此同时性的概念可以从知觉传到物件。不久以前，由此缋绎出事件中的时间次序，而且本能也做到这点。但是，在我们的意识中还没有任何东西可以让我们对事件之间的同时性下结论，因为那些事件都只是头脑的结构物，或逻辑的存在。因此不存在哲学家的时间；只存在心理时间，它不同于物理学家的时间。

……

皮埃龙（Piéron）先生：对于柏格森先生所提出的心理的时延与爱因斯坦的时间的对峙（即共存或并立——译者)问题，我想指出，当心理、生理学家用科学的方法来研究时延、接续和同时性等印象时，便存在着通过实验的手段来实现上述的对峙。

然而，很久以来，天文学家就已经认识到，如果只是采取眼看耳听的办法来确定某颗星球在钟摆的第几声响时处于望远镜的十字丝的什么位置上，那是不可能在心理的同时性的基础上创建可以精确地测定物理的同时性的技术装置和方法。为此，柏格森先生提出了具体的经验式的理论，旨在说明时延的印象在物理时间的相对测定中可能的干预作用。

然而，我们都知道，要用人脑准确地反映异质的感性印象之间的物理学上的同时性，从生理学上说，是不可能的。事实上，外部刺激对神经冲动的潜移默化的过程以及这种冲动的传播时间，都会随着所受刺激的机体部位和在场的感觉器官的不同而不同，这里还没有把大脑结构的多样性和其他的复杂性和不规则性考虑在内。还有，设若视网膜上对称的两点同时接受到一个光的印象，在这种情况下，我们似乎可以在已知的近似值的范围内将所看到的同时性当作物理的同时性的某种标示。但是，所有的光的印象都必须具有不同的强度，以免混同于无。我可以测出各种不同的光强度，哪怕是最弱的光刺激（从物理上说在几百分之一秒的最强光之前）实际上也可以清楚地看到，如同在最强光的后面一样。因此对连续性或心理的同时性的测定，在任何情况下都不能用于测量物理时间，因为它要求化为空间的关系，并遵从一定的科学法则，对此柏格森先生刚才已说得很明白。我们是这样地判断物理的同时性，即：通过计时仪器的信号在以某种速度运动的物体表面上留下可能重合也可能不重合的标记，同时还要考虑采用各种有用的纠错措施。为了测量上述实验的各种时间及所有其他项目，视觉的锐敏度便有重要的意义，因此，柏格森的时延，在我看来，不应该与一般的物理时间，尤其是与爱因斯坦的时间，混为一谈。

柏格森先生：我完全同意皮埃龙先生的意见：对某一同时性的心理认定必然是不精确的。但是，要通过实验室的试验来确定这一点，还是要对同时性进行不精确的心理认定，没有这种认定，任何的仪表读数都不可能产生。

1922 年 4 月 6 日 [1]

---

　　[1] 法国哲学学会召集的这次讨论会就在这天举行，这篇柏格森等人的发言纪录刊载于《法国哲学学会公报》，1922 年 7 月，第 102—113 页。

评述和解释也要有创造性

致　凯林·斯蒂芬 [①]

　　仔细读过斯蒂芬夫人的著作之后，我对它极感兴趣。它对我的总体观点做出了独有的、创造性的解释——这种解释即使离开我的作品，本身也有独立的价值。作者吸取了该学说的精华，不受字面内容的束缚，以自己的方式，朝着自己选择的方向，发展了她所认为的基本思想。通过对"事实"（fact）和"事物"（matter）之间差别的辨析，她以巨大的逻辑力量将我的一些观点归纳成为一个统一体；以前，出于我的研究方法的需要，我不得不让那些观点彼此孤立起来。简而言之，她的著作有很大的价值；它显示出一种罕有的思维力量。

1922 年

---

　　① 摘自凯林·斯蒂芬（Karin Stephen）：《心智的滥用：探究柏格森如何抨击理智主义》，伦敦／纽约，1922 年。

时延存在静止状态吗?

致　F.德拉特尔 [1]

就在那里我们看到了——或想到了——其静止状态使实在固定下来的是我们的知觉或我们的概念；休止只是过渡阶段中的一个瞬间，而这个过渡阶段就是实在本身（它毫不阻挡该实在的实体化，实体性是变化中的连续性和不可分性）。我的"时延"概念的精髓也在那里；我是从那里出发的；我也总是回到那里；就是这些东西给予了我解开许多困难的哲学问题的钥匙（我希望至少是这样）。就是这些东西使我认定了被看作为时间上连续存在的实在的绝对不可分性；还是就是这些东西使我理解了力学和物理学赖以运作的均质时间的真正本质。

……

人们很注意我的时延的概念，但很少把注意力的重心放在

---

[1]　原载于《英美杂志》，1936 年 6 月，第 392—393 页。F.德拉特尔（Delattre）在这一法文刊物的 1923 年 10．11 月号上发表他的论文《柏格森心目中的威廉·詹姆斯》之际，柏格森给作者写了这封信，这里只是它的片断。

关键的地方，放在我所有的研究工作的主导观念上。我曾以下面的方式提出过这一主导观念：建立于行动的必要性的基础上的我们自然的知觉和理解的能力，相信静止状态与运动状态是一样真实的（甚至认为前者在运动之前，是更基本的性质，运动则"附加"于其上）；然而，我们必须将这一类思维习惯颠倒过来，才能在运动状态中看到唯一的已知的实在；只有这样，许多哲学问题都将随之迎刃而解。静止状态只是我们的精神和心理对这种状态所采取的一种观点（从"观点"一词的摄影术含义来说）。

······

威廉·詹姆斯曾经那么精妙地将心理生活比拟于鸟的飞翔，他分清了其间的飞行的场地和休息的场地。对我来说，情况相反，在我所研究的实在的时延那里，只有飞行而没有休息；而且从来就没有什么场地可言，即使飞行也是如此。

1923 年 8 月 24 日，圣·塞尔居

纪念斯宾诺莎逝世二百五十周年

致　L.布隆什维格 [①]

我亲爱的朋友：

我的健康状况糟糕到使我去不了海牙参加纪念斯宾诺莎的集会，希望您告诉他们：我的心与他们同在。斯宾诺莎（B.Spinoza，1632—1677）是荷兰的一位思想家，对他我们都怀有最深挚的敬意和感激之情。这不仅因为他以自己的一生为榜样，向世人晓示哲学的作用在于使灵魂挣脱所有掩盖它的本质的异物，还尤其是因为他使我们亲临沉思的胜境，感悟真理的神圣性。亚里士多德说得好："人啊，我们不应该将自己紧紧地拴在人间的、世俗的、易朽的事物上；我们必须生活在不朽之中，因为这也是人的存在条件。"但是，保留给斯宾诺莎去做的有两点：一是说明对真理的内在认识

---

① 原载于《法国哲学学会公报》，1927年6月。此信曾在该学会当年2月26日座谈会上宣读过，L.布隆什维格（Brunschvicg）是该学会的成员。

与真理的非时间性的显现行为完全相合，二是让我们"感受和体验我们的永久性"。这就是为什么我们通过自己个人的思省，枉然地让自己紧追不舍斯宾诺莎所走过的不同道路：每次阅读他的《伦理学》时，我们在某种程度上都成为十足的斯宾诺莎主义者了，因为我们都有这样单纯的印象：像斯宾诺莎所写的那样才是哲学应有的正确姿态，哲学家就应该呼吸他所创造的那种学术空气。从这个意义上说，我们可以认为任何一个哲学家都有两种哲学：一是自己的，一是斯宾诺莎的。

难道不正是因为如此，"斯宾诺莎学会"在给我们保存下《伦理学》杀青的那座宅子时想要说明的就是这点？这个宅子将成为与哲学为友的人们瞻仰前哲风范的地方，同时也是他们聚会的地方。它将象征着，在最高的思想领域中，任何趋向和任何流派的思想家彼此之间也自然而然地有着一致性。

但愿这种一致性渐渐地从那些高处下降，并最终建基于一切人们之中！我们知道，今天越来越引起人们关注的机械发明，尽管已经取消了不少人们之间的那些距离，它们对于心灵之间的接近却毫无贡献。如果不是通过众人在理智和意愿上的共同努力，他们永远不可能联合起来。这件事情可能要留给哲学家们去筹办。我就是带着这种感情和这种企望来请求您代我向来自各国的、为了纪念斯宾诺莎并发扬他的思想和一般的思想而相聚的人们致以兄弟的问候。

                    1927 年 2 月 12 日，巴黎

曼·德·比兰之友协会的成立

致 德·拉·瓦勒特—蒙布隆 [①]

秘书长先生：

我请求您原谅我推迟这么长的时间才回复您那封热情友好的来信。由于长时间患病柏格森晚年因患中风症和风湿症等，长期辗转于病榻。，首先不得不易地疗养，接着是没完没了的、异常烦人的治疗。对于您已成竹在胸地创建"曼·德·比兰之友学会"的想法，还需要我告诉您我诚心诚意的欢迎和赞赏吗？我们怎么研究这位哲学家也不会过分，因此应该毫不迟疑地将他归到最伟大的思想家之列。好几年前我在一本有关"法国的哲学"的小册子中就已介绍了曼·德·比兰所开辟的形而上学之路（指接近于传统的形而上学之路——译者），现在这方面大概已稳步地向前发展了。

我能当上这一新学会的名誉主席，将感到十分高兴；我不

[①] 此信原载于《曼·德·比兰杂志》，1929 年，1 卷，1 期，德·拉·瓦勒特—蒙布隆（de La Vallette-Montbrun）是该协会的秘书长。柏格森称此"协会"为"学会"。

能不告诉您，我深深地被您要给予我这一头衔的设想所感动。

我可不可以就曼·德·比兰这一题目给您寄去一些您想要让我写的东西？我担心不可能在这里逗留很长的时间。在我这生病的3年时间里，有大批没有完成的工作堆积下来；尽管我现在远未被治愈，我还是要尽我的全力工作，将一些以前已经定下来的事了结；我可能填补不了拉下来的全部的工作空白；至于签订新的出版合同，即使工作分量很轻，对我来说也的确是不可能的了。

我对您的学会所寄予的同情和厚望，即便不能说是热火朝天，至少是十分热切的；我衷心祝愿它繁荣发展。

最后，秘书长先生，请接受我对您非常诚挚的敬意。

1927年9月30日，达克斯

1927 年诺贝尔文学奖获奖答辞

诸位皇室殿下，大使阁下，主席先生，瑞典科学院的诸位院士先生：

我原想亲自到场表达我的谢意，可惜做不到。请允许我让阿尔曼·伯尔纳（Armand Bernard）公使转达我的这份感情。我衷心地感谢瑞典科学院所给予我的这一崇高的、我本人所不敢企求的荣誉。我还要感谢她所颁发的奖金。当我想到，授予法国作家的这一殊荣，可能标志着对法国的好意，内心更是激动万分。

诺贝尔奖的声望如此之高，原因很多，其中尤其值得一提的是它的理想主义和国际主义的双重性：理想主义表现于它奖励的目标是具有高度灵感的作品；国际主义表现于它是在仔细地研究了不同国家的创作和估量了全世界的智力发展概况之后才颁发的。各位评审先生都在思想上融入哲学家们所谓的"精神社会"（s.d.esprits）中，除了考虑种种的精神价值之外，其他一切都不放在心上。因此，他们与此奖金的创立者所表达的意愿是一致的。阿尔弗雷德·伯恩纳德·诺贝尔在他的遗嘱中宣布这一奖金将用于理想主义和世界各民族友好相处的事业。而且，他明确地说明，除了要给文学和科学设立高额的奖金之外，还要设立和平奖。

这是一种伟大的思想。具有这种思想的人终于成为天才的发明家；然而，他显然没有沾染他那个时代广泛流行的一种幻想。由于19世纪在机械的发明方面出现突飞猛进的势头，习惯上便认为单靠这些发明所积累的物质好处就可以提高人类的道德水准。但是，越来越多的经验事实表明，社会生产手段的发展不会自动地改善这个社会中成员的道德状况；如果没有伴随着相应的精神努力，人类所掌握的物质手段的增多，甚至还会带来祸害和危险。我们所制造的机器，在我们的自然器官上添加了人工器官，从而使人体得以伸展和壮大。为了继续充实这整个身体和更好调节其运动机制，这时灵魂就必须扩张；否则便要威胁到身心的均衡，还会出现很严重的难题，即政治的和社会的问题，它们将表露出灵魂与身体的比例的失调，即：灵魂保持原有的状态，而身体却变得硕大无朋。现在仅举最明显的一例而论，人们曾经相信蒸汽和电气的应用，在缩减现实世界的有效距离的同时，从中还会带来各民族之间道德上的接近。我们现在知道，事实完全不是这样，人们之间的对立远未消除；如果不同时实现精神上的进步，即为了博爱而付出更大的努力，这类对立还有加剧的危险。因此，让各国人民的心灵互相接近，必然会成为国际主义品格和理想主义精神的基础；从纯粹的理智眼光来看，整个的文明世界应该朝着建立一个"精神的共和国"的方向而努力。诺贝尔奖的思想基础就在于此。

瑞典人民从来就十分重视道德问题，他们认为这个问题可以左右所有的其他问题，仅举一例来说，他们首先领悟到：政治问题尤其突出地表现为教育问题。因此，我们对于诺贝尔奖的设想能在瑞典这样一个具有高度理性的国度提出并付诸实施，一点也不感到惊讶。

随着人们对诺贝尔奖的思想基础进一步深入的研究，它的含义和作用也就更加明显和博大。对此，我的确思考得很多。最后，在你们这些杰出的听众面前，我要像开头那样，以十分感激的心情结束我这篇讲话。

附：授奖辞瑞典科学院常务理事 P. 霍尔斯特洛姆[1]

柏格森在与《创造的进化》（1907）有关的著作中指出，在一切哲学体系中，唯有直觉说的寿命最长，内容最丰富。他的这一论断可以令人信服，他本人的体系也突出地反映了他广泛的直觉性的发现，这些发现都通往他的内心世界。如在他的学位论文《论意识的直接条件》（1889）中，他便发现时间并非抽

---

[1]　P. 霍尔斯特洛姆（Hallstrom）：又是当时瑞典文学院诺贝尔奖委员会主席。此文出处同上文。

象的形式，而是与生命和自我黏连在一起的实体。他称时间为"时延"。这一概念如同"生命力"一样可以用"活时间"来表示。这种时间呈机动的流体状态，既可以出现一定的量变，也可以产生不断增加的量变。时间在这里超出我们思考的范围，也不是凝固于某个地方；如果受到局限，它便不复存在。所谓的时延可以通过集中的内省而意识到，所以它是由外而内的向心意识。

　　我们通常所谓的时间，与时延完全不同，那是以钟表的机械运动或太阳的运行过程来测定的。这种时间只是由精神和行动所构成的形式。柏格森对此做了精细的分析之后断言：这种时间只适用于空间的形式。在这个范畴里，唯有数学的严密性、确实性和有限性才具有重要的意义。因果律统率着这个领域。内心的自由意志完全受理智限制的场合，也属于这个领域。然而，那些意志可以在"活时间"里得到满足。这时，原因与结果互为条件，事物的前景难以确实地预见，因为确实性只存在并取决于本质上简单的活动中。这是一个崭新的领域，那里有着自由选择和发明创造的广阔天地。在这个领域中，一切都是独一无二的，绝无可能重复出现。个性的发展史就出现在这个领域中。只有在这里，精神或心灵方面的活动才远远地摆脱了习俗的常规惯例，从而内省到自我的本质和普遍的生命的真谛；普遍的生命原本从属于我们的自我。

在纯科学的表述中，柏格森并不论及直觉的起源。这种直觉可能来自对个人经验的巧妙把握和深化，或者来自心灵解放的非常机遇中。后一种情况是在下列的前提之下发生的：19世纪后期，占统治地位的唯理主义生物学形成了窒闷的学术空气，由此引起解放的要求。柏格森就是在这种科学环境中成长、受教、并下决心向它挑战的。他一方面调用自己所有锐利的思想武器，另一方面透彻地了解了物质世界的概念结构，这一结构显示了科学在自由领域的必要性和伟大的作用。唯理主义力图将生命封锁在它所预设的网络之中，而柏格森则更为有力地证明生命的流动性可以超脱这种网络的局限。

要在这短短的几分钟时间里全面介绍柏格森的广博而精到的思想，我自感力不从心。对于一个只能概略地陈述他的哲学的某些特点的人来说，要达到上述的目标几乎毫无希望。

柏格森在他的分析与概念的发展和论证的过程中，通过对最初的"活时间"的直觉，引进了动力、流动等无处不在的生命本质。因此，我们不得不追随可能带来许多新因素的各种运动和机会。我们只能推波助澜，力争畅游其中，以至于连思考和反省的工夫几乎都没有了。

柏格森是这样有力地辩驳决定论的：普遍的理智可用一个人的名字拟人化地称为"比尔"，他不能预见另一个名叫"保尔"的人的生命。除非"比尔"在所有现象中都遵循"保尔"的经验、感觉和意志,这样"比尔"才能对"保尔"的生命有所预见。这时,两个人已在他们小小的周旋中以类似两个等边三角形的方式完整地重合在一起了。柏格森认为,读者要想彻底了解他,就必须与他融为一体,这在精神上需要很强韧的渴求。

即使亦步亦趋地追随作者,也是有益无害的。想象力和直觉有时会有超常的能力。究竟应受激励的是想象力,还是必须借助于具有说服力的直观来认识自我?这些往往难以骤然确定。不管怎样,阅读柏格森的作品都会让人受益匪浅。

在《创造的进化》这一具有决定意义的研究著作中,柏格森一方面运用严密的科学体式,另一方面又以撼人心魄的诗歌力量,创造出雄浑、沉稳、灵感横溢的一篇宇宙论。想要实际地得益于他那渊博的学识、敏锐的见解和深邃的思想,可能有些困难,但从中取得强劲的美感则不成问题。

人们赞美这一伟大诗篇的戏剧性的效果:两股彼此冲突的潮流创造了我们的世界;其中的一股潮流表现为自动地趋向基层的物质,另一股潮流则是具有自由的天性和取之不竭的创造力的生命。这生命有着明确的意向性,一代接一代无休止地前进着。这两股潮流彼此混合,相互限制,其结合的产物分化为各种各样的生命系统。

最早的区分存在于植物界与动物界、静态的有机活动与动态的有机活动之间。植物通过阳光从无生命的物质中汲取能量并贮存于自己的体内。动物则无须这样的努力。它可以从植物身上摄取能量，供自身的生长和活动的需要。到达更高发展阶段的动物还可以猎食其他动物，从而贮备能量来促进自己的发展。进化过程由此而繁复多变，自然选择也往往合乎发展的目的。也就是说，本能随着有关的器官的产生而产生；智能的胚芽也包含在其中。但是本能的势头远远超过智能。

不过，在居于万物之首的人类那里，理智占着优势，本能沉睡着，却未完全丧失。意识在"活的时间流"中统制全部的生命，本能在这里只是潜存着。本能最早出现于直觉的视看活动中。理智开始时却显得十分小心谨慎，仅表现于以无生命物质制造的器具本能地取代或补充有机体的器官，或者通过自主的行为来配合本能的性向。本能具有自我的意向性，但其目标极其有限。与此相反，理智具有极为广阔的目标，即致力于人类的物质和精神文明，然而同时存在较为严重的危机。理智之所以不可避免地伴随着某种危机，是由于理智工于空间世界中的行动，很可能使从生命的概念中获取模式的世界的外部形象变形，同时很可能不顾自己内在的流动性和自主性，从而失去了对自己不断变化的控制力。从这种理智危机中产生了对外部世界的机械论与决定论的观点；理智在自然科学方面的胜利与这些观点的出现也有密切的关系。

于是，我们不仅意识不到精神的自主性，而且陷于难以自拔的理智困境之中。如果在我们回归自然，追溯自我的起源之际，却不能拥有天赋的直觉能力，我们便要与自我内在的生命源泉隔绝。柏格森对理智和本能所作的天才的论断，可能与他的学说的核心观点——直觉——十分合拍。他的论断指向了通往具有十分广阔的可能性的、但也隐藏着种种风险的道路。理智在认识过程中的局限性就在于它的逻辑的确定性，而直觉如同与"活时间"有关的一切东西一样，是机动灵活的，因此理所当然会适应于自我强有力的意向性。

这里包含着该诗篇的戏剧成分：创造的进化就在生物体普遍的"生命冲动"基础上得以扩展，人类便是借此基础登上自我认识的最高点，由此可以展望通向广袤无垠的前方的众多道路，预见已经走过的没有终点的路程。我们将选择其中的哪一条路呢？

事实上，我们还只是处身于这出戏剧的序幕中。柏格森说过："未来只在生命的瞬间诞生。"考虑及此，我们不能不说是处身于序幕中。这序幕仍有欠缺之处。柏格森没有提及在自由的个性中所包含的意志，即这种个性经过许多难以预测的曲折的途径以实现其直接目标的行动意志。此外，他也不大涉及意志的生命问题以及绝对价值存在与否的问题。

不可抗拒的"生命冲动"的本质究竟何在？根据柏格森思想开放、文笔优美的表述，生物体对无生命物质有一种冲击的趋向，其本质又是什么呢？如果"生命冲动"将世上的全部力量都集中在我们身上，我们将会怎样呢？

这些问题尽管十分复杂，我们却不能回避它们。柏格森也许将一如既往地尝试以他的内容丰富并敢于创新的著作来解决这些问题。

对于他所遗留下来的、许多必须解说清楚的论点，柏格森会不会探寻一种适用于物质的"生命冲动"来结束自己提出的世界形象的二元论呢？对此，我们一无所知。柏格森自己认为，他的体系只是一幅速写，许多地方有待于其他思想家的参与，以便共同充实它的细节。

不管怎样，柏格森已经为我们完成了一项重要的任务：他独自勇敢地穿过唯理主义的泥沼，开辟出了一条通道；由此通道，他打开了意识内在的大门，解放了功效无比的创造的推动力。从这一大门可以走向"活时间"的海洋，进入某种新的氛围。在这种氛围中，人类精神可以重新发现自己的自主性，并看到自己的再生。

人们如果了解柏格森精深的思想体系足以引导一代代的才俊，无疑地会断定：他的未来影响将比他今天已经产生的重要影响要大得多。他无论作为思想家，还是作为诗人，都不逊色于他同时代的伟人。他满腔热情而又客观、精确地探求着真理，所有这些都受到一种自由、开放的精神的激励；这种自由的心智力量挣脱了物质所强加于人的奴役，朝着理想主义开放自己最广阔的空间。

★　★　★　★　★

诺贝尔奖委员会给予柏格森的获奖评语是：为了表彰他的丰富而生机勃勃的思想及其卓越的表现技巧。

1928 年 [①]

---

① 原载于《诺贝尔奖》（法文书），1928 年，第 57 页及下文。

关于《柏格森》这一著作

致　符拉基米尔·扬克列维奇[①]

亲爱的先生：

　　您写了一本书介绍我整个的工作成果（作品），给了我很大的荣耀。我很仔细地读了它，我希望您能知道我从中所得到的好处：您的书使我快慰异常。尽管您的概述不完全准确和精细，它还是能够说明我的基本的理论主张。我要补充说明一点：这一分析性的著作伴随着有趣而独特的综合工作，常常使我所得到的结论，终于又成为您个人创造性的思考的出发点。

　　亲爱的先生，请允许我表达对您这一深入的研究成果的赞美和感激之情，并请接受我对您的诚挚的敬意。

1930 年 4 月 6 日，巴黎

---

　　① 此信收入 Ｖ．扬克列维奇（Jankélévitch）所著的《柏格森》（巴黎，1931 年）一书中（第 v 页）。

纪念"环绕世界"中心成立二十五周年

致　阿尔伯特·康[①]

当阿尔伯特·康创建他的旅游经费组织时，他好意邀我参与他的规划。因此，我在此组织刚诞生之时，就以极大的兴趣抓住我必须遵从的那一观念的发展动态。

在创建者的思想中，这里首先涉及每年向一位优秀的青年学者提供旅游的经费资助。笛卡尔称这种旅游为阅读"世界这本大书"。因此，所提供的经费应使获得者足以跑遍世界；他们以后就可以很好地利用旅游中的珍闻和从现实中亲自所取得的知识来工作。

不过，这里还涉及另外一件事。环绕世界的旅游经费组织过去也在外国建立，创建者希望那些共同所有的情感和观念将从不同国家的精英人物和世界的共同经验那里去汲取，这将通向一所美国著名的大学所谓的"国际之心"的方面去。

1931 年 6 月 12 日

---

① 此信的片断首先被引用于阿南·珀蒂（Aiain Petit）《柏格森的第一个学生》一文中，载于《人与世界杂志》（法文），1949 年 11 月，第 418 页。阿尔伯特·康（Albert Kahn）：身份不详，可能是柏格森的学生。

在哲学与神学之间必有间距

致 B.罗梅耶神甫 [1]

我很理解您对我所提出的神正论的主题持有保留的意见（见《哲学档案》，第9卷，第314页及其下文）[2]。我是认识这一神正论 [3] 确有偏颇的头一个人；但这是因为哲学及其理论资源（即借助于推理的经验）在我看来不可能走得更远的缘故，哲学家不可能像神学家一样诉诸信仰、基于启示。为此，在哲学与神学之间必然存在着某种间距。但是，我认为，通过在哲学中引入迄今仍被排除在外的神秘方法，我已经缩小了这种间距。

1933 年初

---

① 此信的片断最初见于《哲学档案》第十卷（1934年）的《围绕基督教哲学的问题》一文中（第478页），后重发于第十七卷的罗梅耶（Romeyer）神甫的文章中。

② 罗梅耶神甫在此卷中刊发了他所撰的《柏格森的道德与宗教观》一文。

③ 神正论（Theodicée）：德国唯理主义哲学家莱布尼兹（Leibniz，1646—1716）在1710年用法文发表了名为《神正论》的著作，认证理性与信仰的一致性。

有关《道德与宗教的两个根源》的讨论

致 "求真理同盟"主席 [①]

亲爱的先生：

您为我的最后一部著作《道德与宗教的两个根源》召集了一次正式的座谈，对此我感到了极大的荣幸。请允许我在这封信中向您表示诚挚的谢意。并请您将此情意转达给同盟的其他成员。整个的讨论过程都极为有益，其中勒内·勒·森（René Le Senne）先生做了令人钦羡的引导。我很希望自己能亲自参与这种讨论，并对已经提出的看法加以评论，最后再给《公报》提供您所要的报导。可是，我做不到这样。我的健康状况使我每天能够工作的时间极为有限，而且，以满意的姿态对座谈中所涌现的各种问题做出回答，这要花很多的时间。此外，这样也许还不能使问题完全解决，即包括不了我所建议的在经验中断的地方不做任何的理论建构和探讨的方法。而且，我还需要有些时间和花点力气来说明这个问题。因此，

———————
① 此信原载于《求真理同盟公报》，1933年，第7、8期，第331页。

275

亲爱的先生，谨请您告诉您的同事，我对此时不能跟上参加你们很有意义的讨论，感到十分愧疚，并请您接受我最诚挚的敬意。

1933 年 3 月 24 日

与托马斯哲学的比较

致　戈斯神甫 [①]

极为尊敬、的神甫：

我刚刚读毕您特地寄给我的您关于柏格森与托马斯两人的新实在主义的研究论著。我只能重复我以前向您陈说的东西（也许连语词也是相差无几的）：您已经做了很大的努力来突出我的著作的意义。但不幸的是，我还不太知道圣·托马斯哲学的总体内容，因此说不出我的思想在哪个方面延伸了他的东西，但有一点是肯定的，当我不得不深入研究这一哲学的某些要点时，我对其中的根本东西还是能够接受的；当然，即便将托马斯以后的科学发展也考虑在内，也是如此。在我们理解的直觉方面，您也提供了与我的看法一致的一些观念。正像我在《思想与运动》这一著作中所解释的那样，我在采用这个词语（指直觉——译者）之前犹豫了很长的时间。在"智力"（intelligence，有时译为"理

----

①　此信原载于《十字架》，1935 年 9 月 21 日，第 3 页，戈斯（Gorce）神甫情况不详。

智"——译者）与"思想"（pensée）这两个词语的用法上，时常出现混淆的现象，我认为还是加以区别为好。在理想主义和实在主义这两个趋向上，我个人完全无保留地选择后者，而且是最激进的实在主义，我将自己的全部观点都与它联结在一起。我从来没有把认识当作一种建构，因此即使在我思考时间问题（它是我的出发点）并将之概括在《思想与运动》的引言之前，我对康德主义仍取排斥的态度，更确切地说，我不愿意停留在他的水平上，尽管他的《纯粹理性的批判》可以促使哲学家们对他产生接近于宗教的崇敬心理。

1935 年 8 月 16 日，瑞士沃韦

创造的进化与"生命冲动"

致 F. 德拉特尔 [①]

……我就是这样地了解了勃特勒 [②] 对进化论的看法，同时知道他与我在某些观点上可能存在的相似之处。一开始我并不认识塞缪尔·勃特勒；1914 年前，甚至连他的名字都没有听到（我的《创造的进化》发表于 1907 年，《物质与记忆》出现于 1896）。在发表《创造的进化》之前，我没有在任何的哲学史和任何讨论进化和遗传的大量文献中碰到这个名字，我很抱歉自己的无知。1914 年春，我在爱丁堡大学讲课（基福德讲座）时，听到年青、潇洒的 A.D. 达尔比赛尔（Darbishire）谈及勃特勒，当时我毫不怀疑这位作家如果还活着，一定会成为当代的一位大生物学家。于是，我从爱丁堡带回许多卷册的勃特勒著作；

[①] 此信原载于《英美杂志》（法文），1936 年 6 月，第 395—401 页。F. 德拉特尔（Delattre）的情况见第 68 篇脚注。

[②] 勃特勒（Samuel Butler, 1835—1902）：英国小说家，代表作有《埃瑞洪》1872）、《众生之路》（1903）等；在生物学方面，他对达尔文的进化理论持有异议，著有《生命与习惯》（1877）等。

然而，战争接踵而来，在后来的 20 多年中我顾不上这位著作者。仅仅在那几天碰到 J.B 福特（Fort）先生即将为他的一篇饶有兴味的论文作答辩的机会，我才翻阅了从爱丁堡带回的那些书，里面谈到了科学和哲学的问题，尤其值得注意的是《生命与习惯》《新旧进化论》《所知的上帝与所不知的上帝》等。

这些书使我惊喜异常，因为它们无疑出自一位智力出众、洋溢着幽默、批判与讽刺的精神的人之手；他有本事出人头地地看出达尔文主义中的某些弱点，而这一理论主张要不被人盲目地接受，要不被人所弃置，理由是它不完全符合科学规则。

至于勃特勒与我在进化、生命、记忆、习惯等问题的观点上的相似之处，我没有任何的发现。相反的，即使我想法让有关勃特勒的观点的概述弄得更精确些（概述常常是不够精确的，有关勃特勒的现有概述更是如此），我认为，我在所有的观点上都与勃特勒完全不同，除了我们都认为达尔文主义有不足之处（这点连达尔文本人都承认过）。但是，原本的达尔文主义的这一不足之处，长期以来已被几乎所有的生物学家和哲学家所承认。而在其他各点上，我要重复一句：勃特勒与我是完全对立的。我不可能在这里仔细地考究那些对立之处，然而捡些主要的来说还是可以的。

就像我刚才所说的，塞缪尔·勃特勒指出达尔文的失误在于将生存竞争和自然选择当作足以解释物种进化的两条基本原则，实际上这两条原则严格地说只能作为这样或那样的变异续存下来的依据，而不是这些变异本身的出现的原因，既然如此，我们便应该将这些变异仅仅归因于偶然性。人们硬说这就是证据；于是，已纳入达尔文主义的这一判断，实际上是绝大多数生物学家的判断。还必须看到这点：勃特勒可能（尽管我对此毫无把握）是第一个这样认定，并将之清楚地表达出来，而且阐明不可能将这些变异都归因于简单的偶然性。但是，不管怎么说，这种认定都已经做了，而且做得很快：对于进化主义的生物学和哲学来说，真正的问题在于如何测定出变异的原由。在这方面，勃特勒似乎除了"要把目的论再度引入有机生命中"（可译解为回归生物学的合目的性）便没有提出其他什么见解。而这种回归的本身几乎完全重复了拉马克（Lamarck）的理论（人们知道，这一理论早在达尔文的理论出现之前就已提出来了）。拉马克是进化论的真正始祖。他估量到新物种所由诞生的变异源于个体为获取和养成某些习惯的努力，这些习惯能够遗传给后代。勃特勒所采取的就是这种理论主张，或与此接近的理论主张。假如有人真的把这种理论主张当作《创造的进化》的近亲，那么他就错了，因为创造的进化首先意味着：获得的习惯并非通过遗传来传播；变异并非由于个人的努力；相反的，变异是突然地出现于一个物种的所有方面，或者至少出现于这个物种的许多表现领域中；最后，即使进化中存在目的性，它与哲学传统所给予"目的论"（téléologie）一词的含义也毫无共同之处，而是具有不同的、新的含义，这一含义必须由生物学和哲学真正地创造出来，任何以前的概念都不能用来界说它。

再举一个例子：当我将生命和进化的现象与某种"生命冲动"联系在一起时，这里丝毫没有徒事风格的装饰的意思，更不是为了以一种形象来遮盖我们对深层原因的无知，而一般的生机论者则提出某种"生机原则"，或者像勃特勒那样给我们谈某种"生命力"。事实上，哲学在这里只向哲学家提供两条解释原则：机械论和合目的性（后者具有生机论者的"生机原则"的特点，因此也具有勃特勒的"生命力"的特点）。然而，由于这种说法不可能深入到道理的要妙之处，我对前面两种观点均不接受，因为它们除了不能解释生命的本质之外，却的确符合于人类精神在所有其他活动中所形成的概念。正是在这两个概念之间的某个部分必须找到自己的位置。怎样确定这个位置呢？由于不存在介于"机械论"与"合目的性"之间的中间概念，我就必须具体地指明这个位置在哪里。冲动（elan）这一形象就是我所指明的东西。就它本身而言，"冲动"没有什么价值。但是，假如读者跟我一样将它放在那个位置上，它便有了价值，因为我们由此可以认定人们从生活中所看到的东西，还有他们所看不到的东西。在我的《道德与宗教的两个根源》一书的第155~120页中，我列举了种种的认识和无知所构织成功的某种完全独特的进化与生命的图像，而这时人们正处于机械论与合目的性之间的、我用"冲动"一词标示的那点上。在该书的这一段落中，我甚至自己也被那些图像逗乐了。我从中发现了全新的东西。因此，我所专用的隐喻实际上是既精确又开阔地蕴含一切可能的意见的概念。这是它与诸如叔本华的"生存意志"或勃特勒等生机论者的"生命力"之类单薄的形象存在着深刻的差别的原因所在。我承认，开始这样做之时难免会迟疑不决和反感厌恶。然而，这事将使我与人们对我的要求相隔绝。它涉及在那两种理论主张之间是否存在共同之处的问题。我再一次回答："不，我看不到在它们之间存在着任何共同之处。"

1935 年 12 月 2 日，巴黎

关于心理玄学的著作

致 J. 拉巴底 [①]

亲爱的先生：

我要立即感谢您好意寄来的材料；对于您在心理玄学
（métapsychie，亦可译为"超精神学"——译者）方面所作的
可观的研究，我也颇感兴趣。凭借已经为人所知的事实，凭借
您本人所观察到的一切，您已经写出一部分可信的东西，因为
理智和直觉就是唯一可信的东西，当然这要在偏见和陈规不占
主要的地位的前提下。有一天终将到来，那时再没有人想到您
那样的研究会受到这么多有思想的人的反对。这是千真万确的：
那些人自以为，并深信，他们必须承认的东西也就是他总是挂
在嘴边的东西。

您用了那么大的篇幅来引用我的著作，并且总是给予那么

---

① 此信被引用于 J. 拉巴底（Labadie）的著作《在那边的前线》，
格拉塞，1939 年，第 7~8 页。

崇高的褒奖，使我感到十分荣幸。

请接受我的最友善的敬佩之情。

1936 年 2 月 12 日，巴黎

理性行为与唯理主义不同

致　斯佩尔曼教授 [①]

　　……您十分出色地区分了理性行为与干枯的唯理主义。不用说，我从来也没有与前者为敌过，而后者则是货真价实的一种形而上学，此外，它的值得争议之处数不胜数，一般来说，在解释我的观点时所犯的错误主要来自对以下方法的误解；这个方法通常包括对内在或外部的纯粹经验的产生原因和结果的研究，这种纯粹经验常常由于受到我们不自觉的形而上学的引导而被玷污或糟蹋。

1936 年

---

　　① 这封信的片断最初见于 R.Milet 的一篇评论斯佩尔曼（Spearmann）教授的哲学的文章中，刊于《时代》（Le Temps），1936 年 11 月 15 日。

"我至少该算一名认真的研究者"

致　D.D.塞尔梯朗格斯神甫 [①]

我亲爱的同道：

　　我很抱歉没能更早地答复您。不过我立即以极大的兴趣读了您的文章。首先，我很钦佩您对圣·托马斯的自由理论所作的那种解释。您没有停留在可能使人失误的一个术语上（这个术语的确有力地迷惑了一些不像您那样对托马斯主义有深切认识的人），而是笔直地奔向圣·托马斯从他意识的自由中所汲取的、并根据理性准则加以调整的概念。您在将我的观点与圣·托马斯的观点联系甚至融会在一起后，得出了我所认为的自由即真理本身的概念。简而言之，我对您的概述几乎都同意，只有其中的最后一行要搁置一边，我实在不敢当。我自觉离天才还远得很，倒是在研究中走过太多的弯路，时常陷入死胡同和碰到了许多难以逾越的障碍。聊以自慰的是，在55年毫不间断的

---

　　① 　此信附于 A.D. 塞尔梯朗格斯（Sertillanges）的《圣·托马斯与柏格森对自由意志的见解》一文之后，刊于《知识生活》，1937 年 4 月 10 日；该文发表前曾经柏格森过目并以此信回答。

工作中，我至少该算一名认真的研究者。尊敬的神甫和同道，请允许我将您的宽容当作我们相互之间的同情来看待吧，并请您接受我对您出色的研究工作的感谢和对您本人的最诚挚的敬意。

1937 年 1 月 19 日

要恢复和重建灵肉的平衡

致 笛卡尔国际哲学大会 [①]

我的年事尚可算高（我早就不年青了），所以有幸能与我们可亲可敬的格扎维埃·雷昂（Xavier Léon）一起创建哲学代表大会。建会的事也是在 1900 年的一次国际性的学术讨论会中商定的。有些人可能很感惊奇：在这么多工具、机器和文明的其他物质产物的中间，有人竟想插进关于最抽象的、也是最高形式的世界思想的展览！实际上，格扎维埃·雷昂不得不告诉我们后来的事件进程经常显示的真相：我们最奇妙的发现和发明，如果我们不懂得怎样控制它们，就会反过来攻击我们自己；人类身体的增大，如果不结合进更多的道德力量来引导、甚至仅仅来支助它，就会干脆瘫倒不动了。当今出现的政治与经济问题，社会与国际问题，无不使人类的灵肉不成比例的现象愈形突出：这回，心灵没有扩展，而在太庞大的肉体内晃荡着。要恢复和

---

① 此信最初发表于《文学新闻》，1937 年 9 月 11 日。柏格森作为此国际哲学大会的名誉主席，因病不能参加大会活动，故应组织委员会主席 E.Bréhier 之请写了这篇文章。

重建灵肉的平衡，单靠我们的哲学一项当然是不够的：首先必须具有集中着所有的内在力量的意志；还必须进行个人和集体的实验活动，只有这种活动才能揭示出一种已经做出决定的事情所难以预见的结果，从而显露出可行与不可行的端倪。幸好有力而善良的意志早已存在于一大批人的心中；至于实验活动，它往往以政治体制和社会组织的形式出现在我们的面前，对此我们只能看到对立的东西，但是，我们稍后也会发现自己已经与独一无二的一种伟大的经验结合在一起。因此，哲学的出现使我们能够充分地意识到那些活动，而且可以方便地对它们进行分析和综合，于是，人类历史上的一个新时代便即将拉开它的帷幕。就我本人而言，我首先看到机器加剧了人间的不平等现象，但接着又满意地发现：由于人的劳动强度的大大减轻和物质生产的如此丰富，大家便有闲暇参加最高尚的精神活动：文学和科学，艺术和哲学。它们面向一切人群，普及全民的教育，使大家从同一水平起步，而不仅仅像过去那样只培养少数的精神贵族。而精神贵族或社会精英，他们从数目到质量则都要有所壮大和提高。这将是人类的一次脱胎换骨的变化。英国诗人托马斯·葛雷的那首杰出的挽歌，将可能失去它的现实意义：人们将不再流连于乡村的一片墓园，痛惜斯人已长眠于这块土地之下，因为越来越多活着的伟人正出没于我们之中。这些都是这一哲学代表大会可能在哲学家那里所激起的纷纭的思绪之一斑；它们在今天看来还是乌托邦的理想或怪诞离谱的说法，但明天便可能显得稀松平常了。

1937 年 7 月

柏格森关于英国的证言

　　法国与英国迟早要相逢在一起，并且联合起来，因为它们遵循着相同的方案行动，因为它们处于同一的道德水准。亚里士多德说过，坚定而持久的友谊诞生于相互尊重和共同的德性之中。法英两国的友谊就是如此：这两个民族对于人类的尊严一样地尊重，同时一样深深地热爱着自由！在它们之间原本存在着深刻的精神上的亲缘关系，今天我们欣然地迎来了这种关系的新展示。

　　向您致敬，兄弟的英国！

1938 年 7 月 19 日 ①

---

　　① 这段证言首发于《费加罗报》，1938 年 7 月 19 日；它与其他证言同在"向英国致敬"这一专栏标题下见报。

纪念贝居伊

致　　阿雷维 [①]

我亲爱的同道：

我全身心地关注着您，关注着在您的号召下前来纪念贝居伊的人们。我要与你们全体一起寻思他的事迹，寻思我们应该怎样不辜负他所做的牺牲。

一位伟大且令人钦羡的人物！他是由上帝用来制造英雄和圣人的材料捏塑而成的。之所以说他是出自英雄的坯子，因为贝居伊从他早年的青春时期开始，除了怀抱着顶天立地地做人的英雄志向之外，没有其他的奢望和烦恼。之所以又说他置身于圣人的行列，因为贝居伊与他们共奉着这样一种信念：世间不应该有无意义的行动，人的所有行为都应该是严肃的，都会

---

① 这封给阿雷维（Halévy）的信最初发表于《时代》，1939 年 1月 25 日，后又收入 J. 高尔米耶（Gaulmier）的《贝居伊与我们》（贝鲁特，1944），第 53—55 页。C. 贝居伊（Péguy，1873—1914）是法国的一位具有强烈的社会正义感的作家，第一次世界大战中牺牲于马恩战役。阿雷维是贝居伊纪念委员会主席。

在整个的道德世界中铿锵和鸣。或迟或早他要回到他那里去，只有他的心中对全体人类的罪过和苦难都一一有数。

我亲爱的同道，您可能就是为此而首先想到要在贝居伊工作过的住所安上一块表彰他的功绩的铜牌。这里必须突出这样的一种强烈的对比：一方面是看得见的一处简陋卑微的小屋，如果只有一个来访的客人，还可以找到一张椅子坐下，如果一下子进来了两个或三个客人，就是仅仅找个站的地方也很不容易；另一方面则是看不见的思想，它从这小屋中翩翩飞翔而出，到四处寻找它的安身立命的位置，常常要飞到很远的地方去，不管飞到哪里，只要那里的人们愿意按照正义和真理的准则度过自己的一生，就有它的落脚之地。事实正是如此，他总是伴随着一种社会正义的理想。在他看来，这一有些抽象的理想已终于体现在法国，尤其是体现在手艺人和农民的法国；在那里，通常对做好工作的惦念和操心，已经扩大成为对完美的普遍需求；还是在那里，对于那块土地的执着和眷恋，赋予那些垦殖和开发她的人们以一种高贵的气度，一种贵族般的荣耀。

他经过仔细的观察，发现了可以代表法兰西的人物：女英雄贞德；他要通过想象使她复活，他为她写出了史诗般的诗剧。崇高的牺牲精神一直在他的内心酝酿。这种机会没有让他久等。

1914 年 9 月 5 日，他作为中尉副官带领自己的部队逼近塞纳—马恩省的普勒西—雷维克小镇，在德军炮火交集的发射中，为了法兰西而壮烈牺牲。

是的，荣耀属于贝居伊，光荣归于法兰西！

1939 年 1 月 25 日